梭羅與中國

陳長房著

三民叢刊13
三民書局印行

——獻給
摯愛的
父親
母親
美華

THOREAU by Andras Goldfinger
From *The New Republic*

前言

陳長房

美國在英國殖民時期和中國幾乎沒有任何直接的接觸，道理十分明顯，因為美國商船與外國的貿易皆必須獲得英國政府的允諾，才可以進行。職是，美國所得到的一切有關中國的資訊，皆是二手傳播，潛流遞送到新大陸。若我們想溯本追源，必當明白英國人在十九世紀之前對於中國的接觸，似乎憑藉的亦非第一手資料，大都仰賴十七、十八世紀法國耶穌會傳教士的譯介，由此推論，美國所認識的華夏和中國文化豈非還是三次的周折輾轉而得！美國獨立之後情況略有改善，美國的商船可以直航廣東，與英國以及其他國籍的商船作平等的貿易競爭。而美國的國力隨着商船的橫渡太平洋抵達亞洲的彼岸，美國人一向唯歐洲人馬首是瞻的視界，頓然改觀。慣以「遠東」稱呼亞洲的術語，自然必須重賦新義。然而，約定成俗的襲例和思維模式，更改何其容易，即使在二十世紀即將進入尾聲的今天，美國的文化仍然未能完全擺脫歐洲為中心的羈縻，難有世局宏觀的視野。

美國獨立初期，新英格蘭（New England）幾乎控制了美國的思想和文化發展的樞紐。在這段時期美國不少居領導地位的思想家和作家，例如愛默生（Ralph Waldo Emerson, 1803-1882）和梭羅（Henry David Thoreau, 1817-1862）皆屬胸懷八荒，視界恢弘的重要作家。尤其兩位作家對於外來文化和思想深廣的興趣，鎔鑄於敍述的內容，頂真穿插有致，堂廡格局愈濶，題材風格變化多端。印度梵文的古典作品和中國先秦的經籍對於愛默生和梭羅的影響，深淺不一。然而，他們的作品縱論古今，詠史說理，讀者既見物之形，亦見史之跡、理之脈。愛默生神秘色彩的宇宙觀自然對於印度的梵文經典，有似曾相識的感慨；但是，對於揭櫫人文主義的儒家哲學，愛默生亦表現出他的洞見。有關愛默生和儒家思想比較深入的討論，包括卡本特（Frederic Ives Carpenter）、柯瑞斯地（Arthur Christy）、海瑞斯（W. T. Harris）、威廉遜（George Williamson）、班迪（Robert E. Bundy）和王建元等皆有專著探究。卡本特在他的《愛默生與亞洲》（*Emerson and Asia*, 1930）一書中曾論斷，若愛默生有機會認識道家思想，他對於老莊的哲學或許更有靈犀相通的感覺。其實同樣觀點似乎更適用於描述梭羅的情況。特別是梭羅極端厭倦新英格蘭的繁文縟節和機械僵化的思維模式，可以想見他對中國文化中表現空襟壯濶，為人達觀，不敖倪於萬物，語言活潑奔放的道家思想，必然特別喜愛。

梭羅藉著英文譯作和法文譯作認識儒家思想，其中包括馬脩曼(Joshua Marshman)、柯理 (David Collie)、博迪耶 (M. G. Pauthier) 和何慕薩 (Abel Rémusat) 等人的譯介，皆多少影響了梭羅在這段期間思想演變的輪廓。雖然偶而援用的時候，斬首截尾，不時落入語義曖昧、指涉不清的文字障中，不過，梭羅對於聖之時者的孔子仍心存戚戚焉的認同感；私淑儒家思想之餘，梭羅更進而欲身體力行，以「君子」典範為本，鼓舞羣倫，認識自我，「尋求自己內心底新大陸和新世界。」

梭羅一生默察自然萬象，靜觀林木雲煙，欣賞湖光山色，以悟得宇宙天心的永恆真諦。透過他的作品《華爾騰》，他對人類沉溺於物質文明的驚逐，致令心靈銹蝕，蒙滿塵霧，特別感覺痛心。他再三蘄求人類多接近大自然，重新過著返璞歸真的生活，發揚人類至高的良知本性。此外，梭羅還是一位關懷人生社會公理的哲人。他的《不服從論》最可見其心胸之廣濶深入。在這篇天風海雨的論述中，梭羅大聲疾呼，在不義不公的情況下，人必須挺身而出，不容以任何形式協助罪無可逭的蓄奴政府。梭羅相信，只要本諸良知行事，「只要與上帝同在，便無需等待成為大多數之後再付諸行動。」梭羅對於擾攘俗世生死榮辱的體悟，十足像一位道家哲人。「宇宙萬象循環嬗遞，生生不息：生命的逝去乃是另一生命的開始。橡樹枯死，返歸塵土，留下豐實的種籽，預示未來茂密的森林。」對於長期浸淫於物質機械的樊籠的現代人，梭羅揭櫫的簡樸生活，對於人性尊嚴的提昇，視個人良知為至高準則，在在皆有醍醐灌頂之功。梭羅冀望人類心靈的新生，期待人人尋回永恆的桃源。海峽兩岸的中國人在思辯質詰中國與中國文化何去何從之際，能不從梭羅的思想中獲得啓迪和省思！

個人心靈的深處，偶而仍會浮現童年生長的踪跡：一個不時籠罩在孤寂蠻荒情調的原野小村，左右盡是斧斤不響的森林，不利耕種的土地，凜寒悠冷的潭水，臉上刻劃着鯨紋的憨厚原住民老婦。隨着歲月的流逝，空間的變遷，心靈磨得蒼老，直嚮往幽竹山窗下，清陰待我歸的憧憬，早已逐漸化為迷離、惝怳、似幻猶真的境界。閱讀梭羅運用敏銳的視覺、聽覺、觸覺、感覺去諦觀宇宙，深入而精確地描寫大自然一景一物的肌理。記憶中渺邈高遠的萬重青山、原始風景、水波的譎幻，撥開時間和空間的迷霧，竟也韻致獨具，意緒悠揚，重新在眼前兀傲湧起。任何悠然神往欲企及心靈深處那片夢幻樂土的中國人，想必也能在梭羅作品中參悟點寂靜的樂趣。

本書的完成，首先要謝謝志文的主催。部分文稿的校對，則要感謝梁隆惠的費心。

目次

輯一

梭羅作品中東方智叟—孔子—的形象

梭羅心目中的孔子不但是中國的至聖先師，而且還是一位遠矚高瞻的東方「智叟型人物」(The Wise Old Man) ❶。誠如所有古文明所孕育出的先聖賢哲，孔子不但集美德於一身，而且更以身作則，啓廸人類邁向至眞至善的境界。孔子是位循循善誘的導師長者，一如索羅門 (Soloman)、沙笛 (Saadi)、凱圖 (Cato) 和卡匹拉 (Kapila) 等這些在梭羅的名著《華爾騰》(*Walden, or Life in the Woods*) 出現的重要人物，孔子是中國文化的衞護者，不但繼承既有的古老文明而且注入千秋不易的新觀點。孔子揭櫫理想的大同世界，亟欲

---

❶ Joseph Campbell, *The Hero with a Thousand Faces* (New York: World Publishing Co., 1970); W. B. Stein, "The Motif of the Wise Old Man in Walden," *Modern Language Notes*, 75:2014 (March, 1960).

振衰起弊整飭時代的頹靡。他的宇宙觀根植於亙古不移的人性上；他的智慧是一種落實於人生，不分時空行之久遠的智慧。孔子所強調的是：人類必得時時接受美德之陶鑄，方能擔當人生旅途的重責大任；在人性遭受橫逆險巇，道德面臨危疑震撼時，衡過考驗維持品格的完整。幾乎中外古今的「智叟型人物」皆能擘劃推演出行之四海皆準的道德規範。他們一貫關懷的是人類生存於宇宙的眞諦；不論他們所揭櫫的道德之途如何艱險，這條大道必能啓廸且引領人類邁向山之頂峯——唯獨人類成功的攀登山巔，其所俯瞰的眞理美德的水平視野，涇渭不分，亙古皆一。所有齊聚於此頂峯的人早已撇開歷史文明的畛域，蛻化成「智叟型的人物」。

梭羅體認最爲深刻的是孔子的倫理道德觀；在一八四〇至一八四四年新英格蘭出版的《日晷季刊》（*The Dial*）裡——此雜誌亦是康柯德超越主義學會的喉舌刊物，梭羅曾經發表了他摘錄自「四書」裏的警句和格言。其他同時整理發表的尚包括了引自佛經、《吠陀經》、《曼奴法經》，以及《匹配經》（*Pilpay Ethics*）等作品。有趣的是支持梭羅發表這些警句專欄的愛默生（Ralph Waldo Emerson, 1803-1882）卻認爲這些寶典，除非能直接啓發人類靈感，對於實際人生影響實在有限。大多數愛默生的信徒率皆相信直觀經驗；但是他們卻惑於執意簡化導致的謬誤而不知。也許他們不能也不願深入探索眞理；愛默生以爲不必歷經任何「自我鍛鍊陶冶」的歷程，難以捉摸的靈感之翼卽能翱翔於榮耀的境地。不論在講壇上，談話論道之間，或個人日記裏，愛默生終其一生不斷地想找出各種表達模式，以詮釋他的超越主義碱炙良方。頗饒意義的是，既使超越主義容或有與儒家經典扞格不倖處，愛默生卻從未對孔子的學說失去信心。孔子一生避談超自然或形而上的物象，但是儒家眞精神仍能毫無滯礙的納入愛默生精神昇華的模式裏。在《愛默生全集》裏，愛默生曾經援引「四書」之語，並串錯其個人獨特的詮釋：

> 吾知言，吾善養吾浩然之氣。
>
> 敢問何謂浩然之氣？
>
> 曰，難言也。其為氣也，至大至剛，以直養而無害，則塞於天地之間。其為氣也，配義與道，無是餒也。
>
> 我們稱此綜論為存在（Being）……我們可以為宇宙歡呼。我們抵達的不是一座牆，而是浩瀚大海。人類生命或許尚未揭示未來的道路，尚未呈現已然荒蕪的百物，但是却隱隱然暗示了此瀰漫天地宇宙的「浩然之氣」（Vast-flowing vigor）❷。

❷ Ralph Waldo Emerson, *The Complete Works of Ralph Waldo Emerson*, ed. by E. W. Emerson, 12 rols. The Centenary Edition (Boston: Houghton, Mifflin & Co., 1903-1904), III: 72-73.

愛默生的結論乃源自他一貫詮釋某種無形的精神力所作的譬喻，這種無形的精神力之譬喻正是上帝特有的化身，亦為不同宗教不謀而合的統攝力量，例如基督教義中的「愛」，或祆教裏的「火」皆是宗教凝結為一的要素。愛默生的象徵理論主要以他的作品〈自然〉(Nature) 裏對語言的分析作為基礎。在〈自然〉一文中他把語言和自然現象，與形上超自然之眞實的象徵，臚列並陳。當然這種詮釋與《孟子》原文裏的意義大相逕庭，因為就在愛默生所摘引《孟子》之語的後面，他加上以下的幾句話：

是集義所生者，非義襲而取之也。行有不慊於心，則餒矣。(《孟子・公孫丑》)

扼要言之，孟子強調的是內蘊有紀律之品格可以外鑠成一股大氣磅礴的道德力量，而非某種無所不在的精神向內延伸化為人類道德的蘊藉和成形。這種區別對愛默生而言十分模糊而且曖昧，愛默生無法苟同於將人類心靈的神秘來源，置諸任何羈縻與限制。他的基本觀點並非與任何理論學說冥相契合；而是一如人類之對《聖經》上眞理的揭櫫，始終以信仰為接受的基礎。

這種對於「四書」的道德觀以反道統的方式詮釋，是引起梭羅注意的重點。中國的先秦諸賢早已擘劃出人類的道德規範；孔子承襲了諸子的倫理觀並推而廣之，普及於世，再三鼓舞羣倫，培育道德教化，修己敬人，建立和諧世界。孔子刪詩書，訂禮樂，承先啓後，融滙古聖先賢的智慧於一爐，作爲人生眞理的基礎。而梭羅慨歎的亦正是當前美國文化裏所缺少的這種行之久遠的一貫道統；梭羅在作品裏批判美國社會中，普遍缺少根植於深厚的文化傳統和對於人生眞諦體悟的共同信念。有的只是汲汲營營，物慾的追逐，磽薄貧瘠，唯我中心的個人主義泛濫，乃至對於自然萬物與人性尊嚴的缺乏敬意，這些弊病在在皆使梭羅扼腕失望！梭羅心目中理想的個人主義，是歷經道德的陶鑄與倫理的濡染——一種能夠徹底實踐自由與責任的自我體認。這種體認絕不是嬉痞花童等「離經叛道」之士，竊自梭羅作品的某些片段，斷章取義，作爲抗議的論據或護身符所能瞭解。梭羅對於世上古文明裏所有「智叟型的人物」皆懷仰之彌高鑽之彌堅的崇敬之情；準此言之，梭羅其實是位徹頭徹尾的傳統衞護者。

孔子一生關懷的是蒙昧未啓的良知心靈。《論語》裏記載的皆是至聖先師孔子與七十二弟子討論行爲規範與美德的特質。孔子不斷地鼓勵他的弟子關注社會倫理的提昇；己立立人，己達達人，正是孔子獻給人類的箴言。孔子勉勵個人，基於人性至眞至善不移的信念，實現個人的責任，誠於中，形於外，俾能讓廣大的社會皆能同享人性至誠的果實。這種寓小我於大我的倫理觀，賦於個人積極向善的生命意義，歷久彌新。置個人的品德陶冶為一切事業的基礎，為人類在宇宙間覓得安身立命處；不論出身寒微貴冑，人類良知只要不蔽於物慾，品格守正不阿，理想的人類社會指日可待。

梭羅在《日晷季刊》裏援引的孔子警言，在一八四三年四月份的該期，大都選自《論語》，採用的是馬胥曼（Joshua Marshman）的翻譯。其中犖犖大者有以下的二十則❸：

一、子曰：「朝聞道，夕死可也。」〈里仁篇〉

二、君子喻於義，小人喻於利。〈里仁篇〉

三、飯疏食，飲水，曲肱而枕之，樂亦在其中矣。不義而富且貴，於我如浮雲。〈述而篇〉

四、賢哉回也。一簞食，一瓢飲，在陋巷。人不堪其憂，回也不改其樂。賢哉回也。〈雍也篇〉

五、曰：「怨乎」？曰：「求仁而得仁，又何怨？」〈述而篇〉

六、子曰：「衣敝縕袍，與衣狐貉者立，而不恥者，其由也與！」〈子罕篇〉

---

❸ *The Dial,* Weeks, Jordan & Co., Boston, 1840-1844. 4 volumes (The original as edited by Margaret Fuller, Ralph Waldo Emerson, and George Ripley).

七、非其鬼而祭之，諂也。〈爲政篇〉

八、子曰：「不患人之不己知，患不知人也。」〈憲問篇〉

九、人焉廋哉！人焉廋哉！〈爲政篇〉

十、無友不如己者！〈學而篇〉

十一、子游問孝，子曰：「今之孝者，是謂能養。至於犬馬，皆能有養。不敬，何以別乎？」〈爲政篇〉

十二、子入太廟，每事問。或曰：孰謂鄹人之子知禮乎！入太廟，每事問。子聞之，曰：是禮也。〈八佾篇〉

十三、宰予晝寢，子曰：「朽木不可雕也，糞土之牆不可汚也。於予與何誅！」〈公治長篇〉

十四、匿怨而友其人，左丘明恥之，丘亦恥之。〈公治長篇〉

十五、知之爲知之，不知爲不知，是知也。〈爲政篇〉

十六、子曰：「默而識之，學而不厭，誨人不倦，何有於我哉！」〈述而篇〉

十七、譬如爲山，未成一簣，止，吾止也；譬如平地，雖覆一簣，進，吾往也。〈子罕篇〉

十八、君子欲訥於言而敏於行。〈里仁篇〉

十九、古者言之不出，恥躬之不逮也。〈里仁篇〉

二十、子曰：「予欲無言。」子貢曰：「子如不言，則小子何述焉？」子曰：「天何言哉？四時行焉，百物生焉，天何言哉？」〈陽貨篇〉

由於梭羅本人不諳中文，其所選錄的資料來源皆是英文或法文的翻譯，因此有許多段落，不免有斬首截尾，予人不解梭羅本人是否明白孔子欲表達的意義❹。例如說選自〈爲政篇〉的那段「視其所以，觀其所由，察其所安。人焉廋哉！人焉廋哉！」梭羅僅取了最後二句，神龍見尾不見首，不免令人墮入五里霧中，惑於梭羅引述之意圖。但是深一層觀察，我們依然可以尋得這些摘錄有其前後一貫的主題脈絡。梭羅把術德雙修的「君子」典型視爲他人生追求的嚆矢，肯定個人自我磨鍊修身的重要，務必讓個人心靈昇華，智慧圓熟，精神駕馭物質。人人以「君子」之典範作爲仿效的目標，自能達到天人合一，物我兩忘的和諧境界。

梭羅第二次摘引儒家作品登載於《日晷季刊》一八四三年的十月號。其中內容不但繼續援引自《論語》而且還擴大引自《中庸》和《孟子》。不知是何種原因，梭羅並未自《大

❹ Lyman V. Cady, "Thoreau's Quotations from the Confucian Books in *Walden*," *American Literature*, 33 (1961), 20–32.

學》援引任何片段。雖然梭羅附上的標題是〈中國古典作品〉(The Chinese Classical Work)，但實際上只引用了三個單元。有趣的是，自梭羅援引段落的字裏行間所披露的孔子形象，不減梭羅心目中所塑造的「智叟型人物」，人類的精神導師。

梭羅在這一期的〈中國古典作品〉選錄裏曾細分成六個小節，除了第一個小節沒有附上標題外，以下皆分別冠以「士篇」(The Scholar)、「道篇」(The Taou)、「革新篇」(Of Reform)、「戰爭篇」(War)、「政治篇」(Politics)和「美德篇」(Virtue)。首先，梭羅自《孟子》裏摘選了爲世人楷模的「君子」或「聖人」的特性，並強調人人皆可爲堯舜的信念。以下卽是梭羅選錄的章句❺：

一、萬物皆備於我矣。反身而誠，樂莫大焉。《孟子・盡心章》

二、形色、天性也；唯聖人然後可以踐行。《孟子・盡心章》

三、君子所性，仁義禮智根於心，其生色也睟然，見於面，盎於背，施於四體，四體不言而喻。《孟子・盡心章》

四、夫君子所過者化，所存者神，上下與天地同流。《孟子・盡心章》

五、古之君子，其過也，如日月之食，民皆見之；及其更也，民皆仰之。《孟子・公孫

---

❺ *The Dial*, 1840-1844.

丑章》

六、莫非命也，順受其正；是故知命者不立乎巖牆之下。盡其道而死者，正命也；桎梏死者，非正命也。《孟子・盡心章》

七、求則得之，舍則失之，是求有益於得也，求在我者也。求之有道，得之有命，是求無益於得也，求在外者也。《孟子・盡心章》

八、以佚道使民，雖勞不怨。以生道殺民，雖死不怨殺者。《孟子・盡心章》

士篇

一、王子墊問曰：士何事？

孟子曰：尚志。

曰：何謂尚志？

曰：仁義而已矣。殺一無罪，非仁也；非其有而取之，非義也。居惡在？仁是也；路惡在？義是也。居仁由義，大人之事備矣。《孟子・盡心章》

二、仁，人心也；義，人路也。舍其路而弗由，放其心而不知求，哀哉！人有鷄犬放，則知求之；有放心而不知求。學問之道無他，求其放心而已矣。《孟子・告子章》

三、盡信書，則不如無書。《孟子・盡心章》

四、盡其心者，知其性也。知其性，則知天矣。《孟子・盡心章》

道　篇

一、誠者，天之道也。誠之者，人之道也。《中庸》

二、誠者不勉而中，不思而得；從容中道，聖人也。誠之者，擇善而固執之者也。《中庸》

三、獲罪於天，無所禱也。《論語・八佾》

四、孟子曰：仁也者，人也；合而言之，道也。《孟子・盡心章》

五、充實之謂美；充實而有光輝之謂大；大而化之謂聖；聖而不可知之謂神。《孟子・盡心章》

六、誠者，天之道也；思誠者，人之道也；誠而不動者，未之有也。不誠，未有能動者也。《孟子・離婁章》

七、有天爵者，有人爵者。仁義忠信，樂善不倦，此天爵也。公卿大夫，此人爵也。古之人，修其天爵，以要人爵。《孟子・告子章》

八、既得人爵，而棄其天爵，則惑之甚者也，終亦必亡而已矣。《孟子・告子章》

革新篇

一、道不遠人；人之爲道而遠人，不可以爲道。《詩》云：「伐柯伐柯，其則不遠。」執柯以伐柯，睨而視之，猶以爲遠。故君子以人治人，改而止。《中庸》

二、子路，人告之以有過，則喜。《孟子・公孫丑》

三、葉公問政。子曰：近者說，遠者來。《論語・子路》

四、人病舍其田而耘人之田——所求於人者重，而所以自任者輕。《孟子・盡心章》

戰爭篇

一、孟子曰：吾今而後知殺人親之重也；殺人之父，人亦殺其父；殺人之兄，人亦殺其兄。然而非自殺之也，一間也。《孟子・盡心章》

二、有人曰：「我善爲陳，我善爲戰。」大罪也。《孟子・盡心章》

政治篇

一、季康子問政於孔子。孔子對曰：政者正也。《論語・顏淵》

二、季康子患盜，問於孔子。孔子對曰：苟子之不欲，雖賞之不竊。《論語・顏淵》

三、孟子曰：「伯夷，目不視惡色，耳不聽惡聲。非其君不事，非其民不使。治則進，亂則退。橫政之所出，橫民之所止，不忍居也。思與鄉人處，如以朝衣朝冠坐於塗炭也。當紂之時，居北海之濱，以待天下之清也。故聞伯夷之風者，頑夫廉，懦夫有立志。」《孟子・萬章》

四、伊尹曰：「何事非君？何使非民？治亦進，亂亦進。」曰：「天之生斯民也，使先知覺後知，使先覺覺後覺。予，天民之先覺者也。予將以此道覺此民也。思天下之民，匹夫匹婦，有不與被堯舜之澤者，若己推而內之溝中。其自任以天下之重也。」《孟子・萬章》

五、柳下惠不羞汚君，不辭小官。進不隱賢，必以其道。遺佚而不怨，阨窮而不憫。與鄉人處，由由然不忍去也。「爾爲爾，我爲我，雖袒裼裸裎於我側，爾焉能浼我哉？」故聞柳下惠之風者，鄙夫寬，薄夫敦。《孟子・萬章》

美德篇

一、仲弓問仁。子曰：「己所不欲，勿施於人。」《論語・顏淵》

二、司馬牛問仁。子曰：「仁者其言也訒。」曰：「其言也訒，斯謂之仁已乎？」子

曰：「爲之難，言之得無訒乎？」《論語・顏淵》

三、子曰：「德之流行，速於置郵而傳命。」《孟子・公孫丑》

四、詩云：「天生蒸民，有物有則，民之秉彝，好是懿德。」孔子曰：「爲此詩者，其知道乎！」《孟子・告子》

五、子曰：「仁，遠乎哉？我欲仁，斯仁至矣。」《論語・述而》

六、子曰：「吾未見好德如好色者也。」《論語・子罕》

七、子曰：「君子不器。」《論語・爲政》

八、子貢問君子，子曰：「先行其言而後從之。」《論語・爲政》

九、君子之道，造端乎夫婦，及其至也，察乎天地。《中庸》

十、子曰：「由，誨女知之乎！知之爲知之，不知爲不知，是知也。」《論語・爲政》

十一、子曰：「鬼神之爲德，其盛矣乎！視之而弗見，聽之而弗聞，體物而不可遺。使天下之人齋明盛服，以承祭祀：洋洋乎，如在其上，如在其左右。」詩曰：「神之格思，不可度思，矧可射思！夫微之顯，誠之不可揜，如此夫！」《中庸》

在梭羅的作品裏，如《康柯德河與梅瑞麥可河一週遊》和《華爾騰》兩部書中，追求心靈的寧靜，擷取智慧之果是作者強調的主題。精神的提昇，眞理的探究是人生的目標；克己自制，無視外在環境的擾攘，駕馭肉體詭異的衝動，減低物慾的需索，庶幾能臻及聖賢之境。職是之故，梭羅心儀孔子追尋眞理無畏的精神，引用了「朝聞道，夕死可也」鼓舞自己；並且和孔子一同贊美顏回安貧樂道的襟懷：「賢哉回也。一簞食，一瓢飲，在陋巷。人不堪其憂，回也不改其樂。賢哉回也。」

梭羅第二次摘錄了「四書」登載於《日晷季刊》時（亦卽一八四三年十月），他肯定了孔子是全人類精神導師的崇高地位，並且突出儒家所追尋的「君子典範」。外鑠的行爲繫乎內在信仰的錘鍊和琢磨：「君子所性，仁義禮智根於心，其生色也睟然，見於面，盎於背，施於四體，四體不言而喩。」梭羅亦服膺孔子劍及履及的實踐精神，強調美德的陶鑄對於社會的影響；道德的培育不僅能緊密的維繫家庭之和諧，擴大言之，且能賦於政治運行一種嶄新的視野。儒家重視人倫關係，一貫以「仁」，卽「愛人如己」爲核心，推而廣之，以臻美德教化流行的目標。不祇是「君子」，卽使是普通人，亦能依其內心所依附之道德準繩作爲律己處事的典型。梭羅特別引述了「四書」的一段名言證明美德實行的深遠影響：「充實之謂美；充實而有光輝之謂大；大而化之之謂聖；聖而不可知之謂神。」

梭羅一生追求的是心靈和感情契合爲一的境界；儒家的「中庸」正是揭櫫陶冶心境的方法：玩索涵泳於中庸之道，則終身用之不盡。中者天下之正道，庸者天下之定理，中庸之爲實學，放之則彌六合，卷之則退藏於密。對於梭羅而言，思想與感情的步入極端，皆是愚昧無知之舉。唯有徹底服膺孔門傳授的《中庸》心法，爲人處事，泰然磊落，平和鎮靜，智慧亦必隨之增益。除了這個基本原則，梭羅更對儒學所本的「誠」的觀念，體認深刻❻。梭羅引錄了以下的二段重要文字，可以窺知梭羅對於「儒學」穎悟的程度：「誠者，天之道也。誠之者，人之道也。」「誠者不勉而中，不思而得；從容中道，聖人也。誠之者，擇善而固執之者也。」當然儒學裏的「誠」的觀念與西方一般所瞭解之「誠」略有不同❼。孔孟所持之「誠」的觀念，實乃涵蓋了「人性本善」的原則；和另一「儒學」的重要觀念「仁」乃互爲表裏，相輔相成。而且，不論是「誠」抑或「仁」，一切皆植根於人心，可以不斷的培育孳長。正如梭羅所摘引的另一句名言：「仁者，人也；親親爲大。」

一言以蔽之，「儒學」對於愛默生或梭羅的影響，皆在於孔孟對人性的涵養陶冶的部

---

❻ 有關梭羅與新儒學或宋明理學，如程頤程顥陸象山等思想契合之處，尚未有學者作過有系統的研究。以下的論著值得參閱：余英時的《中國思想傳統的現代詮釋》（臺北：聯經，一九八七）和 Wei-Ming Tu (杜維明) 的 *Centrality and Commonality: An Essay on Chung Yung* (Honolulu: The University Press of Hawaii, 1976).

❼ 參考 Frank Stevenson. "Dwelling at East and Awaiting Destiny: 'Taoism' in the 'Confucian' *Chung Yung*" *Tamkang Review*, 20:3 (Spring 1990).

份。所有《日晷季刊》所摘引的儒家「四書」的警句，無不肯定「人性本善」和鼓勵人類日新又新，憑藉個人的努力可達眞善美境地的信念。此一「自我的陶鑄成長」的觀念，特別在梭羅的扛鼎鉅著《華爾騰》以及敍述在原野〈散步記趣〉的數篇散文中，至爲明顯。有趣的是，愛默生和梭羅雖然自小皆濡染於新英格蘭的超越主義氛圍裏，卻對儒家思想的瞭解和體認上，得到不同的結論。基本上，愛默生對於人性的成長仍持浪漫的觀點；自我的實現和提昇，乃透過直觀本能以爲媒介；自然無需身體力行或作任何心靈的磨鍊。也就是說，不必歷經沈潛深思的過程，人類自能迸發出神秘且又無窮的潛能。相反的，梭羅一貫認爲唯有藉諸有形的紀律軌範，駕馭或陶冶感官意識，始能企及自我的成長。梭羅所拳拳服膺的哲學，正是一種能指引人類實際達到肉體與心靈完美均衡的信仰；自制克己的功夫，其最終目的是要人類摒棄俗世的慾望和野心，超越塵寰，直指眞理之道。儒家思想，無疑的，提供了梭羅一盞人生理想的明燈，灼照無窮的未來坦途。

至今，所有研究梭羅的學者仍然不明白何以梭羅在《日晷季刊》的摘引中，未曾選錄「四書」裏的《大學》篇。雖然梭羅沒有直接引用《大學》裏的文字，但是梭羅個人再三強調的觀念，如個人倫理與社會政治的緊密關係，以及克服人性慾望，陶冶美德，以達眞理之境，在在皆與《大學》所揭櫫的主旨不謀而合：「大學之道，在明明德，在親民，在止於至善」。《大學》裏所建立的信念是，激勵人類改革社會的弊端必須自個人人格的改革做起。由個人，家庭，乃至國家，循序漸進，我們看到道德影響的無盡衍伸和擴大。古聖賢哲皆依其正直的行爲治理，並藉此揭示其美德以爲萬民仰賴仿效。但是，在他們肩承天下重任之前，必須把家庭治理井然；在他們將家庭治理井然前，必須不斷的鍛鍊個人的人格——而這又必須透過「誠」的原則以達到正心的功夫。這就是《大學》裏所強調的「物有本末，事有終始，知所先後，則近道矣」的道理。《大學》的主旨可以下面這段精警的文字概括：

古之欲明明德於天下者，先治其國；欲治其國者，先齊其家；欲齊其家者，先修其身；欲修其身者，先正其心；欲正其心者，先誠其意；欲誠其意者，先致其知；致知在格物。物格而後知至，知至而後意誠，意誠而後心正，心正而後身修，身修而後家齊，家齊而後國治，國治而後天下平。

因此，《大學》所揭示的道德原則，經由個人道德的培育，井然有序的家庭，擘劃良善的國家，終乃止於完美理想的世界；層層發展，循序向上，而非躐等而進。誠然，欲達到此一崇高的理想，洵非易事；在在需要個人努力培養人性高貴的心靈不爲功。有趣的是，雖然梭羅未嘗選錄《大學》裏的文字，卻引用了《孟子》之言，點出人性培育的重要，慨歎人類的無知和愚昧：

> 仁義忠信，樂善不倦，此天爵也；公卿大夫，此人爵也。古之人修其天爵，而人爵從之。今之人修其天爵，以要人爵；既得人爵，而棄其天爵，則惑之甚者也，終亦必亡而已矣。

梭羅或許以為《大學》裏的重要觀點，同樣在「四書」的其他部份出現；因此許多警句格言皆以孔子的化身出之，對於梭羅而言，少了這位「智叟型」的典範人物，即是失去了戲劇張力。頗饒意義的是，即使缺少《大學》摘引的部份，梭羅仍然顯示出其對中國儒家思想的精髓識見的深邃與驚人的洞察力。

梭羅摘錄「四書」的譯文，主要來源是大衛・柯理（David Collie）的《中國古典作品—汎稱四書》（*The Chinese Classical Work, Commonly Called the Four Books, 1828*）。梭羅曾稱頌柯理的譯本是「一部對瞭解中國文學貢獻匪淺的著作」；梭羅在發表於《日晷季刊》的選文之前，曾經作了扼要介紹柯理。但是，根據研究梭羅的學者禮門・凱迪（Lyman V. Cady）的說明，梭羅並不完全信任柯理「四書」的譯文。在梭羅的名作《華爾騰》所摘錄的「四書」十則引文裏（非凱迪所言九則）[8]，其中有八則是源自當時著名的法國漢學家博迪耶（M. G. Pauthier）的法文譯本：《孔子與孟子——中國道德與政治哲學的四部書》(*Confucius et Mencius, les Quatre Livres de Philosophie Morale et Politique de la Chine, 1840*)。毫無疑問的，梭羅似乎懷疑柯理譯文是否可靠信實，此一意見必定和柯理譯文裏所附加之夾敍夾議的冗長註解有關。除了其中有一些直接譯自宋、明理學的註釋外，有許多是柯理自己囿於基督教的傳統道德觀，而對「儒學異端邪教」所作的嚴厲而且不公允的批判。且舉一端，以見柯理的嚴重偏見：

> 我們憂心忡忡的是，中國哲人在《大學》裏所揭示的道德標準，十分卑瑣；從不藉諸上帝神性的影響。此一頗具破壞性的觀念，實在無法提昇人類臻於至善；但是，我們切記：問題關鍵不在人類能否在墮落的情況下，持續自我修身，成為世上有用的人；問題在於人類能否未經神性之改造，依據《聖經》和理性之請，尊奉人類的造物主。[9]

[8] Lyman V. Cady, pp. 20–23.
[9] David Collie, Footnote, p. 19.

對於諸如此類的批判，梭羅皆能透過自己的作品《華爾騰》和《康柯德河和梅瑞麥可河一週遊》等書，一一加以辯駁。自梭羅不斷地尋找「四書」妥貼的翻譯此事實而言，的確說明梭羅的審愼和深究儒家思想的習性。窮根究底的氣質，即使在梭羅摘錄印度經典時，仍然俯拾可見。早期翻譯中國古典經籍的西洋學者，大部份若非傳教士就是虔誠的基督徒，他們一生浸淫於枯瘠不華，毫無生氣的神學思想裏；無疑的在他們的翻譯過程裏，字裏行間難免透露出個人的偏見，多少破壞了原文的涵義。梭羅遍覽西方漢學家，包括以拉丁文，德文和法文翻譯的東方古典經籍的譯作。即使以「四書」的翻譯而言，博廸耶顯然暫時滿足了梭羅一生追尋心靈自我啓廸的希望。

總括而言，回顧梭羅的幾部重要作品所給我們的印象是，梭羅對於孔子此一「智叟性」的典範人物的服膺着迷。儒家思想裏許多重要觀念，諸如發揚人性精神的光輝，反躬自省，先作內在的革新而後影響社會，兼善天下，鼓勵全面的道德革新，在在以不同的面貌出現於梭羅的作品裏。若我們再深入研究，將「四書」與梭羅作品並觀，仍然有不少意義重大的類比值得我們深思：例如柯理譯文中的宋、明理學的注釋對於梭羅的超越論思想的影響；「陰」「陽」兩極的觀念和梭羅強調的「精神」「物質」兩端之異同；以及「四書」裏一再出現的自然意象，與梭羅本人的宇宙觀之間的平行關係等等，皆值得做進一步的分析。

縱使梭羅心目裏塑造之孔子形象，主要以轉手的「四書」翻譯爲本，其中容或夾雜扭曲誤解，穿鑿附會，斷層齟齬，然而，貫穿梭羅一生作品的思想脈絡，基本上實與精深博大的儒家思想冥相契合❿。梭羅與孔孟，時空與文化相隔如此鉅大，有意義的是，梭羅的人生觀卻駸駸乎廻響著中國儒家聖哲之言：「先聖後聖，其揆一也」，洵非虛言。

---

❿ 請參閱朱炎的〈梭羅再三啓示看人類的新生〉，《美國文學評論集》(臺北：聯經，一九七三)；Rudolph Yen Chu, "Thoreau: The Most Chinese of All American Authors," *American Studies,* VIII: 2 (Taipei: Academia Sinica, 1978), pp. 1-20; and Lin Yao-fu "Society or Solitude? The Transcendentalist Dilemma," *American Studies,* VII: 2 (Taipei: Academia Sinica, 1977), pp. 1-31.

大德君子典範

——《華爾騰》與儒家思想研究

在梭羅的傑作《華爾騰》裏，他摘引了不少「四書」中的格言；然而，他並不是自同一部翻譯援引，而是，從三種不同的譯本中引錄下來。一脈相傳的思想，卻引用了三種不同的譯著，足可印證梭羅對於中國儒家思想喜愛的程度。此三部譯著裏，其中有兩部是英文譯著，另外一部是法文譯著。梭羅所引用的「四書」譯著，年代最早的當屬馬胥曼（Joshua Marshman）翻譯的，書名爲《孔子的作品》（*The Works of Confucius*），在一八〇九年出版；第二部是柯理（David Collie）的翻譯，書名是《中國古典作品—泛稱四書》（*The Chinese Classical Work, Commonly Called the Four Books*），一八二八年出版；第三部是法國人博迪耶（M. G. Pauthier）翻譯的，書名稱《孔子與孟子——中國道德與政治哲學的四部書》(*Confucius et Mencius, Les Quatre Livres de Philosophie Morale et Politique de la Chine*)，在一八四〇年出版❶。在這三部譯著裏，梭羅個人最喜愛的應屬柯理的譯本，他再三宣稱柯理的譯本是「一部瞭解中國文學貢獻匪淺的著作」❷；實際上，柯理的譯著，一反當時傳統的翻譯，在譯文中還不時夾雜許多註腳和評論，明示了中國古典著作裏「獨善其身」的方式，與梭羅索居華騰湖濱的生活實驗極為相似❸；並且強

---

❶ 參閱 Arthur Christy, *The Orient in American Transcendentalism : A Study of Emerson, Thoreau and Alcott* (New York : Columbia University Press, 1932), p. 195; 與 Lyman V. Cady, "Thoreau's Quotations From the Confucius Books in *Walden*", *American Literature*, 33 (1961), pp. 20-32.

❷ 請參考 David Collie, *The Chinese Classical Work, Commonly Called The Four Books* (Malacca, 1828). 梭羅的引句皆援用自 *The Dial*, Vol.2 (October 1843), p. 205。以下援引自 "Ethnical Scripture" 的文字將僅註明卷數與頁碼，附於內文裏。

❸ Lyman Cady 認為梭羅在《華爾騰》所援引的十則(Cady 誤以為只有九則)「四書」的文字，大都以法國漢學家 M. G. Pauthier 的譯本 *Confucius et Mencius* (Paris: Carpentier, Libraire Editeur, 1841) 為本。Pauthier 的譯文未加評註，只有在譯書緒論詮釋了孔孟的政治理念。Cady 顯然不清楚當時已有 David Collie *The Chinese Classical Work*, (Malacca, 1828)。這本譯文裏，譯者 Collie 曾經附上極為詳盡的解說和評論。Cady 的批評論點完全是以一八六一年出版的 James Legge (理雅各) 的譯文和二十世紀 Arthur Waley 的譯著為本——當然，不論是 Legge 或是 Waley 的譯文，梭羅皆不可能讀過。

調《華爾騰》和「四書」皆表達一個重要觀念——亦卽「君子」的觀念。「君子」首先要能「獨善其身」，自我鍛鍊，只要通過此種生活實驗，最後自然能達到「兼善天下」，改革世界的目標。探本溯源，比較《華爾騰》裏十條摘自「四書」的引句，確實顯示出梭羅對於這個「性相近」的東方哲學體系的熟稔與濃厚興趣。

《華爾騰》第一章〈經濟篇〉裏，梭羅摘引了一段《論語》的文字——子曰：「由，誨女知之乎？」「知之爲知之，不知爲不知；是知也。」❹梭羅引用此句是要闡釋道德革新的必要條件，強調這種革新必須自個人開始。梭羅說過：「當人將他的想像凝縮爲理解的時候，我深信所有的人，皆要在這個基礎上建構他們的生命。」在一切行動之先，人類皆必須具備特殊的認識條件；唯有「眞知」方能將原則（想像的層次）與事實（理解的層次）融合爲一，因此是所有人類心所嚮往，所追求的目標。儒家思想裏的「君子」，本身卽具備美德典範的特質，並能區別想像與理解；對於自身的心性，時時勤拂拭，俾能將人心重新帶回純潔無礙的智慧之境，唯其如此，方能返歸上蒼所賦予的理想境界❺。

---

❹ 原文引用的版本將以下列的作品爲本 Henry D. Thoreau, *Walden* ed. J. Lyndon Shanley (Princeton: Princeton University Press, 1971), p. 85. 請對照 Fauthier, p. 82.

❺ 請參考 David Collie, "Ta Heo", p. 8.

梭羅在《日晷季刊》(*The Dial*) 的「諸家經典」(Ethnical Scriptures) 欄裏，以及《康柯德河與梅瑞麥可河一週遊》(*A Week on the Concord and Merrimack Rivers*) 中，再三地援用柯理的譯文，足以說明梭羅十分清楚「君子」典範的必備條件：

> 仁，人心也，義，人路也，舍其路而弗由，放其心而不知求，哀哉！人有鷄犬放，則知求之；有放心，而不知求。學問之道無他，求其放心而已矣。《孟子・告子章》❻

柯理在他的評論中指出，此「心」在儒家思想中，可解釋作「睿智之原則」，可以使人蛻變爲「美德」之楷模❼。在《大學》中「收放失之心」必須要處於一種簡樸、自然的環境中，方可進行。透過人類與自然所維繫的均衡關係，人類方可覓得「眞知」❽。

---

❻ *A Week on the Concord and Merrimack Rivers* in *Writings of Thoreau*, Riverside Edition (Boston and New York : Houghton Mifflin Co., 1893), p. 208.

❼ 請參閱 Collie 的"Chung Yung"篇譯文 p. 2. 類似的概念與《華爾騰》〈經濟篇〉裏描述追尋「獵犬、栗毛馬和白鴿」的段落 (p. 17) 十分類似。

❽ 請參閱 Pauthier 的譯文："Ceux d'entre eux qui étadient la philosophie morale doivent soumettre à une longue et profonde investigation les êtres de la nature et les actions humaines, afin qu'en partant de ce qu'ils savent d'ejà des principes des actions, ils puissent augmenter leurs connaissances, et pénétrer dans leur nature la plus intime" p. 16.

在〈寂寞〉一章裏，梭羅欲與「大地相往還」，他摘錄了《中庸》的一段話以爲印證。

> 鬼神之為德，其盛矣乎！視之而弗見，聽之而弗聞，體物而不可遺。使天下之人齋明盛服，以承祭祀，洋洋乎，如在其上，如在其左右。《中庸第十六章》❾

柯理在譯文中，附註了中國學者張載的意見，說明「鬼神」乃是「陰陽」調和的要素，精神與物質各異的原則❿。鬼神者，二氣之良能也，以二氣言，則鬼者陰之靈也，神者陽之靈也。鬼神無形無聲，然物之終始，莫非陰陽合散之所爲，是其爲物之體也，而物所不能遺也。

---

❾ *Walden*, p. 134. 請參閱 Pauthier, p. 44.

❿ Collie 說明的原文如下："These gods are immaterial and without voice. That which occasions the beginning, and the end of things, is nothing but the uniting and separating of the Yin and Yang......The Kwei Shin are merely the ...... subtile, ethereal part of the Yin and Yang ...... called Kwei Shin on account of their pure, subtile, excellent, flowing and moving qualities" (David Collie, "Chung Yung" p.11) 梭羅對於 Collie 的這段評註想必不陌生，因爲梭羅在 *Dial*, vol.Ⅳ 引用 "Subtile powers" 這段引文時，梭羅用的就是 Collie 譯文中的 "Kwei Shin."，迥異於其他的譯名。

也。孔子說：「其氣發揚于上爲昭明，君蒿悽愴，此百物之精也，神之著也。」孔子認爲此種陰陽乾坤，物質精神的二元知識，乃人類不可或缺的一環，唯其充分體認此等知識，方能令人類的知識完備周全，人類方能膺承重責大任。

終其一生，梭羅隨時無不關心物質與精神二者統攝的原則，當他仍在哈佛大學唸書時，他曾寫過一篇文章，題目是〈君子與庶民〉(The Superior and the Common Man)。研究梭羅的著名學者柯邁隆(Kenneth W. Cameron)曾經指出，此文中的「君子」不僅「能夠否認物質的存在，並且清楚界定兩種截然鮮明的存在，即自然與精神。」[11]一直到一八四九年，梭羅長期濡染於東方的知識後，其對物質的觀念始重新恢復，對於「君子」的觀念也有了變化。那年梭羅曾寫了一封信給他的好友布萊克(H. G. O. Blake)。信裏他如此寫著：

> 大地的法則植根於足下，為眾人設立；天上的法則，綻放於頭上，為君子設立；君子

---

[11] *Companion to Thoreau's Correspondence* (Hartford: Transcendental Books, 1964), p. 58。這篇文章的全文也刊登在 Franklin B. Sanborn 的 *The Life of Henry David Thoreau* (Boston and New York: Houghton Mifflin Co., 1917).

是衆人的昇華與衍伸。能將大地與天上的法則分置妥當，矢志遵循，是世上最幸福之人⑫。

這裏描述的「君子」是一位肯定大地與物質原則的人；他接受物質與精神必須均衡存在的觀念——因爲宇宙正是此兩項要素相互制衡的結果。職是之故，梭羅在《華爾騰》中，同時融合了〈更高的規律〉和〈禽獸爲鄰〉兩個截然不同的題目：

> 我在自己的內心深處曾找到，而且仍不停地覓得，我有一種向更崇高的生活，或者說，向更崇高的精神生活追求的本能，那是許多人皆曾感覺到的本能；然而，另外我還追求一種原始而野性的生活，這兩者皆是我所尊敬的。

只要實踐儒家所揭櫫的「自我修身」之原則，也就是，能夠收其放失之「心」，恢復清明神智，陰陽調和鼎鼐，人人皆可開始道德的革故鼎新。自「獨善其身」到「全面的道德重

⑫ *The Correspondence of Henry David Thoreau*, ed., Walter Harding and Carl Bode (New York : New York University Press, 1958), p. 247.

整」正是《華爾騰》書中〈我爲何生活〉一章的主題。在這章裏，梭羅摘錄了《論語・憲問篇》的一段話：

> 蘧伯玉使人於孔子。孔子與之坐而問焉。曰：「夫子何為？」對曰：「夫子欲寡其過而未能也。」使者出。子曰：「使乎！使乎！」⓭

要不是在這一段引文的前半段，梭羅還摘引了另外一段《大學》第二章的文字：湯之盤銘曰：「苟日新，日日新，又日新。」讀者恐怕很難明白梭羅援引蘧伯玉這段話的意義了。在《華爾騰》和「四書」裏，「再生的典儀」以及象徵黎明的各種特性，皆是二書的重要觀念。「早晨」咸被認為是英雄時代的縮影。就神話的意義而論，兼善天下，全人類的道德革新，就在眼前，可以實現。兩部作品，皆強調「君子」是唯一可以踐履此項革新的人物；他是「百萬人中，唯一能活得神聖而有詩意的人」⓮；然而「改良德性」，君子依然得從自身的改革做起。誠如《大學》中第一章所明示的：

⓭ *Walden*, p. 95. 請參閱 Pauthier, p. 19.

⓮ *Walden*, p. 88. 請參閱 Pauthier, p. 12.

自天子以至於庶人，壹是皆以修身為本。⑮

不論是「黎明」亦或是「春天」，這兩個時節皆極其相似；唯有身處此二種時令，陰陽二氣，調和鼎鼐，最適於獨善其身，從事個人的道德革新。然而，在我們讀了《大學》之後，卽明白「欲明明德於天下者，先治其國，欲治其國者，先齊其家，欲齊其家者，先修其身，欲修其身者，先正其心，欲正其心者，先誠其意，欲誠其意者，先致其知，致知在格物。」人人先從個人的修身鍛鍊，而後推己及人，兼善天下，全人類影從嚮往，改革道德品行，才能水到渠成。梭羅在《華爾騰》的〈春天〉一章裏曾經摘引了《孟子》的一段名言：

雖存乎人者，豈無仁義之心哉？其所以放其良心者，亦猶斧斤之於木也。旦旦而伐之，可以為美乎？其日夜之所息，平旦之氣，其好惡與人相近也者，幾希？則其旦晝之所為，有梏亡之矣。梏之反覆，則其夜氣不足以存；夜氣不足以存，則其違禽獸不

---

⑮ 參閱 Pauthier, p. 30. 原文如下 "La Grande 'Etude" "le perfectionnement de soi-même est la base fundamentale de tout progrès et de tout développment morale."

遠矣。人見其禽獸也，而以為未嘗有才焉者，是豈人之情也哉。《孟子・告子篇》⓰

梭羅一如孟子，認為人類往往在俗世生活蠅營狗苟的追求中，喪失了眞正的自我；人性的迷失，有如山上的樹林被斧斤伐去一樣。因此在《華爾騰》〈豆圃〉一章中，梭羅曾經提出了栽植「美德種籽」的觀點：

我對自己說，下一個夏天，我不會化那麼大的勞力來栽種荳胚玉米了；我將化更大的勞力來培育這些種籽，設若這些像誠實、真理、信心、天真等種籽沒有失落的話⓱。

饒富深意的是，「誠實」正是儒家思想奉為行為圭臬的美德，亦是恢復赤子之「心」的唯一途徑。

梭羅在〈春天〉這章裏所引用《孟子》的文字，明示了人類道德時時陷於杌隉危疑之

⓰ *Walden*, p. 315.
⓱ *Walden*, p. 164.

境；君子所關懷的正是如何存養美德。在〈更高的規律〉中，梭羅又引用了《孟子・離婁章》的話闡釋：

人之異於禽獸者幾希？庶民去之，君子存之。[18]

這段話可以自三個層次來探討。首先，這句話包括了我們討論過的美德之培育；其次，這段引言強調了宇宙間的物質和精神——二元論的觀念——間接地說明了〈更高的規律〉所援用自《大學》的一段話：

心不在焉，視而不見，聽而不聞，食而不知其味。[19]

心有不存，則無以檢視其身；是以「君子」必察乎此，而敬以直之，然後此心常存而身無不修也。心志專一，方能體悟事實（陰）與原則（陽）的綜合。在前面所摘引的《孟子》

---

[18] *Walden*, p. 219. 並參閱 Pauthier, p. 233.

[19] *Walden*, p. 218. 並參閱 Pauthier, p. 19.

引句中，梭羅以兩種截然不同的層面，觀察野豬以及挖掘到的野豬的下顎骨。在「理解」的層面裏，它只是一頭齷齪的野獸；然而，在「想像」的層面中，它卻成了「陰」原則的表徵——一種「藉著節制與純潔以外的途徑所獲得」的品物[20]；也就是說，因爲它的純粹不含渣滓的品質而得到的這種證明。

這種二元論的觀念衍伸出一個重要的步驟，君子可以依循此一步驟而自行規劃出道德典範。君子若能將個人的人生觀與宇宙周遭所存在的二元論相互對照印證，君子即可反求諸己，尋回自我的本性，並且可以利用自己的本性使宇宙間「陰陽」兩端作一均衡的發展。君子必須持續不歇地闡揚本性中的「精神面」，將其影響施及於「物質面」，希望最後能達到「昇華和展伸」人性的精神面，誠如梭羅在寫給其好友布萊克的信上所言：「將原先最粗鄙的淫穢轉化成純潔與熱誠。」[21]如此，並非全然抹煞了人性中的物質面；相反的，卻是強調人性的物質面中，原來具備有天賦的神性，可將人性中的「物質面」提昇到與人性中的「精神面」同等地位。只要我們具備了此種認識，即可明白「君子」的內心，實際上對於精神與物質同等敬重，可以實踐了《中庸》所隱涵的觀念——不偏不倚，萬變不離其宗的原則。但

[20] *Walden*, p. 219.
[21] *Walden*, p. 219.

是，這一種陰陽乾坤，調合鼎鼐的回報又是什麼呢？那就是人人所嚮往的：

可以與天地參矣。《中庸廿二章》㉒

在《中庸》裏強調的是君子的特性；聖人之德之實，天下莫之能加也，盡其性者，德無不實，故無人欲之私；而天命之在我者，察之由之，巨細精粗，無毫髮之不盡也。人物之性，亦我之性，但以所賦形氣不同而有異耳；能盡之者，謂知無不明，而處之無不當也；如此方能與天地竝立爲三也，此自誠而明者之事也。而在〈更高的規律〉一章中，梭羅堅信一當「物質面」能與「精神面」融合爲一，也就是「當純潔的渠道暢通時，人立可奔向上帝。」純潔的渠道暢通時，也就是「物性」被摒除而「人性」昇華爲神性的時刻，這個時刻也正是道德情操覺醒，人與上帝直接相對交談的時刻。早在〈豆圃〉一章中，梭羅心目中的「君子」典型早已具備了此種富有創意的神性——這個特質正是「兼善天下」達成全面道德革新的要求。在〈豆圃〉這一章裏，梭羅把「君子」比喻成一位「藝術家」的化身。梭羅自比爲

㉒ Pauthier, p. 58. 原文如下 "un troisième pouvoir avec le ciel et la terre."

「一位造形的藝術家，在承露粉碎的泥土上塑泥。」梭羅把他耕耘的田地當作是「聯繫野生與墾殖之田地」的樞紐和媒介㉓，不但實踐陰陽調和的《中庸》思想，更把人性中的物質與精神二者融合爲一。

然而，在儒家思想中，「獨善其身」是不夠的；其最根本的目標原在於「兼善天下」，幫助全人類皆能恢復神性的美德，暢通靈性之渠道，改善因爲過度追求宇宙的「陰」面，也就是「物質面」而斲喪智慧。在〈孤寂〉這章中，梭羅注意到孔子說過的一句話：

德不孤，必有鄰。《論語・里仁篇》㉔

而在〈我生活的地方—我爲何生活〉這章裏，梭羅則敍述他撰寫《華爾騰》的目的乃在「欲喚醒芸芸衆生」㉕；「喚醒」正是一個「道德革新」的譬喻；在梭羅「諸家經典」裏，梭羅還摘引了《孟子》的一段話：

㉓ *Walden*, p. 158.
㉔ *Walden*, p. 134; 參閱 Pauthier, p. 93.
㉕ *Walden*, p. 84.

誠者，天之道也；思誠者，人之道也；誠而不動者，未之有也。不誠，未有能動者也。《孟子・離婁篇》[26]

梭羅認爲「全面的道德革新」必須自「君子」開始；從這個論點延伸而出，他討論了「君子」與「鄙夫」或「庶民」之間的關係；而梭羅在《村莊》這章裏所摘錄自《論語》的一段話，可以說已經把這種關係敘述得十分清楚：

子為政，焉用殺？子欲善而民善矣。君子之德，風；小人之德，草。草上之風，必偃。《論語・顏淵篇》[27]

在這段話裏梭羅所關懷的仍然是德性覺醒與否的關懷。雖然孔子心目中的「君子」的觀念，強調的是爲政者必須具備的特性；實際上，儒家思想基本上也在闡明昇平世界的達成，實乃繫乎兆民賴之的「君子」：

---

[26] *Walden,* p. 205.

[27] *Walden,* p. 172.；參閱 Pauthier, p. 142.

> 君子動而世為天下道；行而世為天下法；言而世為天下則。《中庸廿九章》

爲了恢復太古黃金時期的「英雄時代」，梭羅理想中的「君子」有著更崇高的目標；讓我們再看一看梭羅在「諸家經典」所引用的一段話：

> 大哉聖人之道，洋洋乎發育萬物，峻極于天。《中庸廿七章》㉘

就在〈村莊〉這章結束前，梭羅再次強調他一貫的信念：

> 我確實相信，設若所有的人都生活得跟我一樣簡單；偷竊和搶刼便不會發生了。㉙

梭羅始終無法忘懷道德與社會的密切關係；他發覺，如果他個人的榜樣能夠傳諸四海，上行下效，那麼「頹廢的時代」必可摧陷廓清，萎靡的風氣也能一掃而空，人類重新恢復到

㉘ *Dial*, Ⅳ, p. 205.
㉙ *Walden*, p. 172.

「英雄時代」的嚮往，亦指日可卜了。儒家思想中的「君子」不僅要發揚美德，摒除人性中粗陋鄙俗的一面，而且還實際擔當了一些重任，在物質生活與精神生活中取得協調均衡。「君子」不但要維持精神與道德二方面的純潔和優越，而且要兩足落實於世間㉚。這就是何以梭羅在〈經濟篇〉一章裏，同樣揭櫫了儒家思想中「正德、利用、厚生」的觀念。除非我們先獲得了足夠的「生命必須品」，我們實在無法無憂無慮的面對人生的重大問題，更無法寄望有所成就。梭羅提出此要點的目的有二：首先，對於那些爲物慾所困，而且淪落得和禽獸無異之人而言，梭羅重新詮釋了「生命必須品」的眞正涵義；其次，對於那些貧寒清苦，即使是一些「生命必須品」，仍舊「付之闕如」的人而言，梭羅卻提供了眞正可行的具體計劃，適宜奉爲生活準繩，實踐遵循，俾能以最簡單的方法獲得生活上的基本需要㉛。梭羅同時說明，一位「大德君子」的另一樁任務是，匡正時弊，己欲立而立人，己欲達而達人，作到博施於民而能濟衆的最高目標。在《孟子．離婁篇》中有一段話是這樣的：

> 所惡於智者，為其鑿也。如智者若禹之行水也，則無惡於智矣；禹之行水也，行其所

㉚ 參閱 Pauthier, "Meng-Tseu", p. 202.

㉛ *Walden*, p. 8.

無也。如智者亦行其所無事，則智亦大矣。

梭羅援引這段話的意思是在說明：天下之理本皆順利，小智之人，務必穿鑿，所以失之。人類由於一味的追求物質與外在的慾望，漠視了心中崇高的精神本性，因而造成了「物據雕鞍人做馬」的悲慘局面；爲了要恢復人類的神性光輝，根除社會的弊病，「君子」必須依賴個人「誠意正心」修鍊而得的品德，潛移默化教育大眾[32]。因此，梭羅前往湖濱森林所作的生活實驗，其理由亦正是向大眾揭示一種理念一種思想：把生活侷促在一端角落，把生活減縮到最低的條件，若生活證明是低賤的，那麼就讓我們徹底的認識低賤，把生活的低賤向全世界發表；或者，假若生活是崇高的，讓我們也親身體驗一下，在我們下一回遠遊時，也可以眞實的報導，因爲梭羅覺得大多數人都還不能確定生活的目的是邁向天堂抑或步入地獄[33]。

梭羅利用了他個人在湖濱森林的探險以達到其教誨人類的目的；我們或可以約翰・斐爾德在〈培克田莊〉一章的情景作爲例子。斐爾德是一位未能與自然大地和諧相處的窮人；但

---

[32] *Walden*, p. 154; Collie, p. 114.

[33] *Walden*, p. 91.

是，梭羅卻有意把他描寫成是「一位哲學家，或者說，他自己期望成為哲學家的人。」[34]藉着這種反諷的例子，梭羅「能近取譬」，昭示給世人的是：人類應如何過着一種平凡自如，心靈舒放的自然生活。雖然在森林裏的這一回邂逅不算愉快，但是這一點並不頂重要；關鍵在，梭羅推己及人的心願，顯示了他欲利用《華爾騰》作為昭示全人類發揚人性中的精神光輝，獲致心靈的解放與自由的一部指南。

誠如佛教中大慈大悲的救世主「菩薩」一樣，在他行將進入涅槃之境的一刹那，他仍然發願全力幫助身陷苦海中的芸芸衆生同達永生之境。儒家思想裏的「君子」無我無私修己以安人，摒除不食人間煙火遁離這個世界的隱士作風，拳拳服膺於將個人修養所得的道德情操，影響到更廣大的社會上去；兼善天下，推其所爲於天下。「君子」在明白了人類與宇宙對應的關係之後，必得落實到紅塵熙攘的世界，以爲芸芸衆生之表率，鼓勵人類全面的道德革新。梭羅在〈村莊〉一章曾經提及：

> 非到我們迷失了世界之後，我們才能發現我們自己，認識我們的處境，並且認識了與

---

[34] *Walden*, p. 205

> 我們周遭關係的無窮性。㉟

尋回自我之後，還應該推己及人，喚醒所有的人類恢復精神生活；在〈結束語〉這一章裏，梭羅敍述了他要離開林野的理由：

> 我覺得生活有如姹紫嫣紅百花爭艷，不必為了一種隱居的生活浪擲太多的光陰。㊱

就《華爾騰》全書的結構而論，梭羅的重返人間世極具戲劇效果：梭羅實際上重返這個世界來；但是梭羅卻也象徵性地透過《華爾騰》這本書，向世人揭示了他的發現。就此兩層意義而言，已足以讓我們體悟了梭羅個人與儒家思想的「君子」觀念，實際上是兩相契合的。經過了在華騰湖濱的生活實驗之後，梭羅終於在〈結束語〉這一章裏特別討論了他個人領悟而得的眞理，實際上和儒家思想所揭櫫的理想無分軒輊：

㉟ *Walden*, p. 171.

㊱ *Walden*, p. 323.

君子有諸己，而后求諸人。《大學九章》

梭羅鼓勵人類成爲「自己的川流和海洋的探險家」;「認識你自己」(*nosce te ipsum*)一直是梭羅揭示給芸芸衆生的絜矩之道：

你必得做一個哥倫布，尋求你自己內心底新大陸和新世界，找出峽道來，不是為的蠅營謀生，而是為了思想。

人類不必汲汲於物質生活，更不必憂焚地向外在的世界探險，人人反躬自省，塑造自己爲術德雙修的「君子」㊲，梭羅同時喚醒全人類皆能「把視線轉向內心」，發揚人性中的精神光輝，終而能達到芸芸衆生皆可獲致心靈的解放與自由;如此，庶幾乎人人皆可企及：

㊲ 請參考拙作 Chang-fang Chen, "Thoreau's Orientalism: Chinese Thought in *Walden*," *Tamkang Review*, Vol. XVIII, No. 1,2,3,4 (Autumn 1987-Summer 1988), 287-322.

博厚配地，高明配天，悠久無疆。《中庸廿六章》

與天地神明同體的境界。

【附錄】

梭羅與《四書》英譯之探究

梭羅在爲《日晷季刊》一八四三年四月號編纂了〈孔子警句〉(*Sayings of Confucius*)之後，又收到了一部新近出版的「四書」英譯，因此又續在同年的十月號《日晷季刊》的「諸家經典」(Ethnical Scripture) 序列專欄，另外選輯了以「四書」爲主的格言，並且在全文的開端，揄揚此部由大衞・柯理 (David Collie) 翻譯的書是「一部對瞭解中國文學貢獻匪淺的著作。」❶

---

❶ 這本書可能原屬愛默生的。在一封給瑪格麗特・傅勒 (Margaret Fuller) 的信中（一八四三年六月），愛默生曾經極力稱讚此書：「我最近有了一部中國儒家經典最好的英譯本，是在馬六甲 (Malacca) 發行。孔子撰述的部分是再經詳細的翻譯；但是孟子的部分，對我而言卻十分新鮮。」請參看《愛默生書信集》*The Letters of Ralph Waldo Emerson*, ed. Ralph L. Rusk, 6 Vols. (New York, 1939), III, 179.

柯理的這本書全名叫做《中國古典作品：泛稱四書》(*The Chinese Classical Work, Commonly Called the Four Books*)：內容仍包括四個部分：

一、《大學》(*Ta Heo*)

二、《中庸》(*Chung Yung*)

三、《論語》(*Lung Yu*)

四、《孟子》上和《孟子》下 (*Shang Mung and Hea Mung*)

此書的印刷粗糙拙劣，字跡漫漶；但是，譯文本身，雖有一些誤譯，大致而言，尚稱信實。其中最嚴重的謬誤，並非來自譯者柯理對於中國語言的瞭解程度，而是來自他對於孔子學說刻意的曲解，充分暴露了一貫遺留在西方世界的那種對於東方文化專橫傲慢的態度，和荒誕不經的評騭。我們且列舉二個柯理的觀點證明如下：

> 一言以蔽之，儒家學說是把一種清晰、穩當、務實的真理，和無數深奧、高蹈、謬誤，並且十分危險的理論混雜於一爐。❷

❷ "Chung Yung" in *The Chinese Classical Work, Commonly Called the Four Books*, trans. Rev. David Collie(Malacca, 1828), p. 10. 以下簡註成 *Four Books*. 有關西方世界對東方思想的偏見，請參考 Edward Said, *Orientalism* (New York: Pantheon Books, 1978); and James Clifford, *The Predicament of Culture: Twentieth-Century Ethnography, Literature, and Art* (Cambridge, Mass: Harvard Uoiv. Press, 1988).

> 儒家思想彰顯了不少優異的理論；只是，其中掌握的全盤方向，卻植根於謬誤的原則之上。❸

大衞．柯理這位譯者是位虔誠的基督教傳教士，在他翻譯「四書」的時候，特別是在註釋的部份，徹底的暴露了柯理宗教上先入爲主的偏見。下面這個例子尤其證明了柯理褻瀆冒犯至聖先師孔子的無禮和粗魯：

> 他（孔子）似乎忘了自己也是血肉之軀；一種浮自內心的盲目和狂妄的情緒，令他自以為是無所不能無所不在的上帝。他自視智慧高人一等，其實徹底暴露他的無知——一種無自知之明，漠視上帝存在的無知。❹

大衞．柯理在此本書的導論中，尚以一種倨傲輕浮的態度指出，他這本「四書」的譯本，不僅可以對學習英文的中國人，大有裨益，而且可以更進一步協助中國人認識他們自己的文化。

❸ "Ta Heo" in the *Four Books*, p. 3.

❹ "Chung Yung" in the *Four Books*, p. 29.

> 他們（中國人）認真的審視他們所尊奉的聖賢所揭櫫的錯誤學說。由於情況特殊，迫使譯者必須不斷地詮釋許多貌似平常的詞句——這一點不得不向所有的歐洲讀者致歉；但是譯者也由衷地希望，托上帝的旨意，對那些能讀此譯文且飽受矇騙的異教徒（此處顯然指的是受儒教洗禮的中國人）有所用處。❺

饒富意義的是，在《日晷季刊》登載的儒家經典格言裏，梭羅卻未曾顯露出柯理的偏見，並且全部擯除了譯文裏所附加的註釋：對於柯理大聲疾呼中國「異教徒」人性的墮落和孔孟學說的「謬誤」，必須徹底改善的意見，梭羅似乎頗不贊同。總括而言，就刊錄於《日晷季刊》觀之，梭羅摘引的文字所刻劃出的中國人形象，是智慧的化身，是圓融而充滿人性的聖賢，與那位帶着偏見看中國賢哲的傳教士所塗抹的形象，迥然不同。

梭羅在「諸家經典」序列專欄的開端，曾經說明他主要選錄的格言來自《孟子》——在柯理的譯本中分成「上孟」和「下孟」。登載於《日晷季刊》裏的，大都是從「上孟」的部分摘引來的。此期偏重選錄《孟子》的部分，可能是因爲梭羅已在一八四三年四月號的《日

---

❺ Preface to the *Four Books*, p. 1.

晷季刊》裏，已經刊登過「孔子警句」專欄了。

梭羅相信人民的幸福乃繫於領袖的關懷與否：「國家的權力乃經由被治者同意而得。」《孟子．盡心篇》同樣說了類似的話：「民爲貴，社稷次之，君爲輕。是故得乎丘民爲天子，得乎天子爲諸侯，得乎諸侯爲大夫。」統治者能夠存在，完全繫於他能「得乎丘民」；若爲君者不能「得乎丘民」，則已失其所以爲君者的立場，易言之，他已不復爲君矣。因此，孟子又曰：「賊仁者謂之賊，賊義者謂之殘。殘賊之人，謂之一夫。聞誅一夫紂矣，未聞弒君也。」孟子思想最重要的一點是「人性本善」的原則；人性未能向善並非缺少仁義禮智四端，而是人未能努力發揚人性四端，不斷的壓抑以致全部喪失善良的種籽。

《日晷季刊》所選錄的「四書格言」，除了第一部分外，其餘皆冠以標題表示。第一部分所選錄的皆是有關君子的格言；依序的標題是：「士」，「道」，「革新」，「戰爭」，「政治」，和「美德」。

自標題觀之，梭羅所選錄的格言皆和實際人生息息相關。梭羅也的確強調儒家學說實用的功能。在一八五六年十二月十二日梭羅寫給朋友的信裏，曾經約略透露了他對儒家學說的看法，我們或可引用以證明梭羅選錄孔子格言的基本立場：

> 我記不起孔子曾經直接談論過關於人類的「出生、目標和命運。」他遠比這個要落實得多；他飽滿的智慧皆可以運用於人際關係上——自個人的生活，家庭，乃至國家，無所不及。他的學說主旨，一言以蔽之，即是「施諸己而不願，亦勿施於人。」（《中庸》十三章）〔"to do as you would be done by"〕他又說（我自法文譯得）：「身修而後家齊，家齊而後國治。」（《大學》）〔"Conduct yourself suitably toward the persons of your family, then you will be able to instruct and to direct a nation of man."〕❻

一直令梭羅著迷的學說是其中對實際人生能提供原則的部分；因此印度《曼奴法經》（*Law of Manu*）裏對實際生活的箴言，以及儒家學說的人生教誨，在在皆吸引了梭羅的注意。

在《日晷季刊》的選錄裏，其中的「政治」一欄，梭羅曾經引用了一段《孟子》頗長的文字，所討論的是「君子」處於爲臣的與國君意見不同時所採取的態度。通常有二種行動可以選擇：退隱遯跡或者是積極參與；二種原則皆基於道德的理由，惟視客觀環境而定。梭羅

---

❻《梭羅作品全集》*The Writings of Henry David Thoreau*, Riverside edition, Boston and New York, 1884-1893, XI, 350.

在發表了「孔子格言」兩年之後，自己也退隱到華爾騰湖濱，此時梭羅顯然是採行了第一種原則；但是在六年後，梭羅發表了那篇石破天驚的〈不服從論〉，他卻揭櫫了積極參預的第二種立場。梭羅不但體認而且實踐儒家發揚小我與大我的兩種精神。

梭羅引用了伯夷的退隱作爲第一種道德原則的運用：「治則進，亂則退」，「居北海之濱，以待天下之清也。」孟子的結論是「故聞伯夷之風者，頑夫廉，懦夫有立志。」縱使梭羅退隱到華爾騰湖畔，並非全是對當時的美國政府的公然抗議，但是梭羅以決斷的心情，實驗孤獨的生活，避免介入社會，實乃和伯夷的遯世退隱有幾分相似處。

此外，梭羅又摘錄了柳下惠的故事以爲第二種道德原則的發皇。柳下惠的抉擇恰和伯夷相反：「柳下惠，不羞汚君，不辭小官」，「治亦進，亂亦進」；「思天下之民，匹夫匹婦，有不被堯舜之澤者，若己推而內之溝中。其自任以天下之重如此。」「與鄉人處，由由然不忍去也。」柳下惠不願意退隱，因爲他不忍見人民受苦；他認爲他必須積極參與，以行動鼓舞芸芸衆生明白自己所受不公不義的待遇；柳下惠入世的精神，不禁令我們想起梭羅自己那種「雖千萬人，吾往矣」的大無畏勇氣。梭羅拒絕納稅，寧願鋃鐺入獄亦不願失其道德原則，作爲對美國政府向墨西哥宣戰的抗議：梭羅並且向康柯德的鎮民講述一位身先士卒，欲以行動解放黑奴的約翰・布朗（Captain John Brown 1800-1859），贊揚他英勇正義的行爲。下面這段梭羅自「四書」裏選錄的文字，其實恰好印證了梭羅自己高貴的行爲：

> 天之生斯民也，使先知覺後知，使先覺覺後覺。予，天民之先覺者也；予，將以此道覺此民也。

先知先覺者以其高風亮節的道德情操，後知後覺者受其啓廸和影響，亦能幡然覺醒，革新道德不再墮落。孟子的故事是以畫龍點睛的方式結束，梭羅也一併引錄了：

> 故聞柳下惠之風者，鄙夫寬，薄夫敦。

在〈不服從論〉裏梭羅一再鼓勵任何對於現存政權持異議的智者，皆應以個人良知作爲衡量事物的準則，並應以積極入世的行動，藉以改變政權的態度：

> 智者不應任由機運決定他個人的權利，自也不必期待他的權利壓倒大多數的權利❼。

---

❼ *The Variorum Civil Disobedience*, ed., Walter Harding (New York, 1967), p. 37.

在《日晷季刊》裏的柳下惠形象，幾乎就是後來刊登〈不服從論〉的《美學論集》(*Aesthetic Papers*) 梭羅本人的化身。

於「學者」標題下的格言摘錄，選自《孟子》有名的一段，似乎可以用來和《華爾騰》裏一段令許多人困惑的寓言，相互比較，或可讓我們進一層瞭解梭羅的本意。下面是摘自《孟子》的原文：

> 仁，人心也；義，人路也。人有鷄犬放，則知求之；有放心而不知求！學問之道無他，求其放心而已矣！

以下我們且仔細研究一下梭羅在《華爾騰》裏的原文：

> 很久以後，我丢失了一隻獵犬，一匹栗毛馬，和一隻白鴿，至今我還在追尋牠們。我向許多過客描述牠們的模樣、踪跡，以及牠們會回應怎麼樣的召喚。我遇到一兩個人，他們確曾聽見獵犬的吠聲，奔馬跫跫的啼響，甚至還看到白鴿隱入雲霄，他們同

樣急於尋回牠們，就好像他們自己遺失了牠們一樣。❽

梭羅文中的「獵犬、栗毛馬、白鴿」即是孟子所指的「仁」「義」等美德；人人急於尋回牠們，正如孟子的殷切勸言：「求其放心」，期盼大家尋回「人心」走向「人路」，俾能覓得「學問之道」。孟子以較富哲理的文字闡述他的慨歎和鼓勵；而梭羅則把類似的思想，以較平實但卻寓意深遠的故事敍述，語氣樂觀，期許人類尋回自我。

《日晷季刊》有一段摘錄的文字也和《華爾騰》裏討論宇宙受「鬼神」影響的一段，思想雷同。梭羅把「四書」摘引的這段，置於《日晷季刊》選錄的結尾處，似乎有意特別強調其重要性。下面我們將先把「四書」的原文附上，而後列出梭羅引自柯理譯本裏的英譯，以資比較；在探討了梭羅的思想體系和此段的關係之後，將另外附上梭羅本人在《華爾騰》裏的英譯，瞭解柯理與梭羅英譯中對儒家思想的體悟。

子曰：「鬼神之為德，其盛矣乎！視之而弗見，聽之而弗聞，體物而不可遺，使天下

---

❽ *The Variorum Walden*, ed., Walter Harding (New York, 1963), p. 11 and footnote 44.

之人，齋明盛服，以承祭祀，洋洋乎如在其上，如在其左右。詩曰『神之格思，不可度思，矧可射思！』夫微之顯，誠之不可揜，如此乎！」

Confucius exclaimed, How vast the influence of the Kwei Shin (sprits or gods). If you look for them, you cannot see them; if you listen, you cannot hear them; they embody all things, and are what things cannot be separated from. When they cause mankind to fast, purify, and dress themselves, everything appears full of them. They seem to be at once above, and on the right, and on the left. The Ode says, The descent of the gods cannot be comprehended; with what reverence should we conduct ourselves! Indeed that which is least, is clearly displayed. They cannot be concealed.

〔*The Dial,* IV, 1843, pp. 209-10〕

「四書」《中庸》的這段主旨，強調「中庸之道」的無所不在，有如「鬼神」之德瀰漫於宇宙間；同時鼓勵人類祭祀時必得保存誠敬肅穆的心理。若我們比較梭羅爲《日晷季刊》所選錄的引文，和他譯自法國漢學家博迪耶（M. Pauthier）的法文譯本，而後登於《華爾騰》書中的一段比較，明顯可以看出梭羅本人對《中庸》的這段文字，乃依據「超越主義」的觀點闡釋，主要是希望譯文能與他一貫主張之「萬物有神論」的觀點，冥相契合⑨。在《華爾騰》裏，這段出現於〈寂寞〉(Solitude) 一章。梭羅先是肯定人類願意接近「生命之源，自人類的經驗裏，我們不時感到這種需要，有如水濱的楊柳，樹根必然向水的去處伸展。」接着梭羅又說：「事實上，任何死者復活的景象，卻已超越人世時空的侷限……生命使我們旁鶩，最接近萬物的正是創造萬物的一股雄渾的力量……在我們身旁的，並不是我們僱用的工人，而是創造我們的巨匠——造物主。」講完了這段話，梭羅始摘錄了《中庸》的文字，可知他未把《中庸》裏的「鬼神」視爲存於幽冥世界中的「死者」；相反的，《中庸》的鬼神卻成了「超經驗世界裏的神祇。」以下刊載的是梭羅本人源自法文的翻譯，全錄於此，俾能與柯理之英譯比較：

How vast and profound is the influence of the subtile powers of Heaven

---

⑨ *Ibid.*, pp. 100-101

and of Earth!

We seek to perceive them, and we do not see them; we seek to hear them, and we do not hear them; identified with the substance of things, they cannot be separated from them. They cause that in all the universe men purify and sanctify their hearts, and clothe themselves in their holiday garments to sacrifices and obligations to their ancestors. It is an ocean of subtile intelligences. They are everywhere, above us, on our left, on our right; they environ us on all sides.

柯理的譯本，曾經附上極冗長的宋明理學家對此段的註解，有意闡釋文中出現之「鬼神」的特性。爲了存其原貌，柯理且把「鬼神」直譯成 "Kwei Shin"。但是他自己承認，並不完全明白此段文字的意義。想來他本人的基督教思想，嚴重的阻礙了他對儒家思想宇宙觀的體認。充其量他只能暗示此文中的「鬼神」大約和「道」沒有區別；也可能是一種極微妙，柏拉圖式的「本質」，瀰漫於肉體和精神之間；也有可能只是死者的幽靈而已。由於柯理本人對《中庸》的這段文字認識有限，梭羅自然另闢蹊徑，擷取法文譯本以爲參考，並且注入他一貫超經驗思想的信念，來詮釋本文。

梭羅摘錄的儒家格言警句，其中有一欄的標題是「道」(The Taou)；我們必得留意，梭羅所言之「道」指的是儒家的「人倫之道」(Way of Conduct)，而非談的是富有玄秘思想的道家之「道」，或「宇宙的本質」(the essence or stuff of the universe) 或是「宇宙的秩序」(the cosmic order)。梭羅是否涉獵道家之經典以及梭羅與道家思想相契合的比較等問題，錯綜複雜，衆說紛紜，莫衷一是，本書亦會就此問題從幾個角度探討❿。

綜覽《日晷季刊》裏選錄儒家經典所刻劃出的中國人，基本上是承襲孔孟的思想精華。深深吸引梭羅的是：孔孟思想中所闡釋的個人與家、國的關係；棄物質尙精神的高貴心靈；和萬物有神的觀念 (the conception of the immanent spirit)。於此短文中自然只能舉其犖犖大者討論；重要的是，梭羅能以其獨特的心靈，不爲柯理英譯「四書」中的謬見所蒙蔽，洞見儒家思想的眞精神。在《日晷季刊》數十則摘錄的儒家格言警句裏，所勾勒出的中國人形象是一位智慧圓熟，性情仁厚，人格獨立堅強，對萬物持誠敬莊穆態度的中國人。

---

❿請參閱本書，〈梭羅與道家思想〉，與〈論梭羅的東方思想〉。

與造物者遊

——梭羅與道家思想

在《華爾騰》〈結束語〉一章裏，梭羅揭示了他一貫服膺的信念：「但願能和宇宙的建築師攜手共行；可能的話，寧可或立或坐，沉思冥想，諦聽這十九世紀逝去，也不願生活在這種不安、緊張、擁擠、瑣碎的世界裏。」唯獨索居湖濱森林，這位康柯德的詩哲才願意蟄伏安眠，憩止於沉靜和諧的大自然裏，唯有肉體與心靈的有機結合才能達到自我和大自然的節奏冥相應合之境。爲了讓大自然和靈魂的節奏達到有機而緊密的關係，梭羅無日不躑躅於康柯德的原野和森林裏達數小時。在那「廣邈、野趣、狂嘯的大地之母—自然」裏，梭羅偃息徜徉，早已成了一位與天地萬物相冥合的道家哲人，聽任他自己的靈魂平靜的逡巡於華騰湖濱。

梭羅對於大自然的原始風貌有着最沉潛的喜愛；比較其他當代的美國作家，梭羅更接近瓊古的原始風貌和純樸的心境。我們以爲梭羅的氣質更接近中國的道家思想；雖然他是否有機會閱讀過《道德經》的問題仍然是個懸案❶。他的自然神秘觀，對於世俗蹈襲的傳統和政府不義的干涉所表示的厭惡，乃至他對自然和原始面貌的喜愛，在在顯示出他的道家哲人的風格——寧可曲張自我「以達坦途之涯，隨着融雪冰釋流佈」，而不願壓抑自我的情感以與梵天結合。梭羅發覺，「不論在東方或西方，人類皆從未過着自然的生活」；他希望能直接和大自然的原始質樸的面貌接觸，並且無意中融滙了道家的「無爲」思想。梭羅既不遏抑也不放縱他的官能；相反的，一任「道」——即梭羅所言之「自然」——暢流他自己的靈魂；梭羅認爲，只要自我能聽任心智活動，無所窒礙，即可證明自我力量的無窮。因此，當梭羅自己宣稱——「當人能在生命裏維持均衡，並且不經蠻力而能平靜地在人生旅途上活動，世界一切美好的事物皆棲止於此人身上」時，梭羅早已是位「霧靄之子」，不時徜徉於大地尋覓大自然美妙而無法言詮的流動。梭羅在宇宙合諧一體裏覓得歡樂，依循自我的本性生活以達與萬物同遊之境，並藉着大自然的簡樸和日日新又日新的特質，體悟了生命奇蹟的奧秘。本論文將試圖檢視梭羅作品裏所呈現的道家思想，並勾勒出這一道博大精深的東方哲學泉源

❶ 大多數西方學者皆否定梭羅曾經有機會涉獵《道德經》；但是仔細探討梭羅作品，似能尋出蛛絲馬跡證明老子《道德經》的影響。請參考本書梭羅與道家思想有關的其他論文。

如何滋潤了這位新英格蘭詩哲的心靈，而終能綻出「眞理的花朵」。

一

梭羅早期深受勃朗生（Orestes Brownson）和愛默生（Ralph Emerson）的影響，浸淫於希臘羅馬的古典文學、十七世紀英國文學、浪漫文學詩人——如哥德、華滋華斯、和柯律治等，梭羅融滙了這些作品，加上他自己經常涉獵的其他著作，如自然史、州郡誌、年鑑、古蹟傳說、以及東方經籍等，這種廣博的汲取思想塑造了梭羅極爲特殊的文學風格。在文體上，梭羅先是師法愛默生；但在思想上，梭羅最嚮往的是東方思想，透過其個人對於東方經典的領悟，他寫出了瀰漫着東方神秘風格的作品來。當梭羅把他的智力「沐浴在古印度史詩《薄伽梵歌》（*Bhagavad-Gita*）宏偉的宇宙哲學裏」時，梭羅不但肯定了印度經典對他的影響，而且還進一步「追尋歷史的證據和經驗來解釋他（梭羅）思想的基本原則」❷。梭羅在一八四三年一月所發表的「諸家經典」（*Ethnical Scripture*）裏，曾經特地纂輯了《曼奴法經》（*Laws of Manu*）❸。而且他還把藍洛綺（Langlois）的法文譯本《哈利

❷ 請看 Arthur Christy, *The Asian Legacy and American Life* (New York, 1945), p.48.

❸ *The Dial*, Vol. III (Jan. 1843), pp.331-341.

梵薩》（*Harivansa*）譯成英文的《七梵天轉世》（*The Transmigration of the Seven Brahmans*）。梭羅不但視東方為他思想的泉源，並且把東方當作他「早經確立之思想與態度的迴響與重新的肯定。」❹

梭羅對於東方經典的認識並不侷限於印度經典。梭羅在一八四三年四月與十月為《日晷季刊》（*The Dial*）編纂的二稿：〈孔子格言〉（Sayings of Confucius）和〈中國的四書〉（Chinese Four Books）時，曾經自《大學》、《中庸》、《論語》、和《孟子》裏摘錄了許多警句。這位新英格蘭的詩哲主要興趣是在印度、中國乃至其他東方作品如波斯等文學作品裏「意在言外」（overtones）的段落，因此梭羅援用了儒家「四書」裏的引句❺來貼合他個人氣質的文體。但是，研究新英格蘭超越主義（transcendentalism）頗有心得的學者柯瑞斯地（Arthur Christy）卻認為「梭羅的心態和氣質基本上是和儒家思想不同的，而且儒家思想對於梭羅意識型態的影響更屬有限」。柯氏以為梭羅很少能正確地援引儒家經典的原文，而且對於儒家思想所涵蓋的社會組織和習俗規範更是一知半解❻。儒家思想

---

❹ Walter Harding, *A Thoreau Handbook* (New York, 1961), p. 100.

❺ 請參閱本書〈華爾騰與儒家思想〉、〈梭羅與「四書」英譯之探究〉。

❻ Arthur Christy, *The Orient in American Transcendentalism: A Study of Emerson, Thoreau, and Alcott* (New York: Columbia University Press, 1932), p.206.

是以社會羣體爲軸心的倫理觀；而梭羅所揭櫫的是人類返回自然。雖然柯瑞斯地的基本論點自圓其說，但是自梭羅援用的引文看來，梭羅不但不是以一種「非儒家式」的方法援引；相反的，梭羅運用了他個人獨具的生花妙筆，深邃的洞察力，斧鑿無痕地將儒家思想融入他自己超越論的個人主義思想裏。梭羅偶或有曲解引文的本義，卻常常意外地擴大了儒家的思想，並且注入前所未有的新義❼。

另外，梭羅對於佛教熟稔的程度也着實令人喫驚，雖然他眞正援引佛教經典的地方並不多。在《康柯德河和梅瑞麥可河一週遊》(*A Week on the Concord and Merrimack Rivers*)，梭羅曾誇耀他能把耶穌和佛陀相提並論，無視他人的厭惡❽。在爲《日晷季刊》一八四四年一月份編了「佛陀經典」之後，梭羅承認他遠比從前更加熟悉「印度、中國和波斯的經典」。梭羅吸收融滙了印度教克瑞胥納大聖（Krishna）、孔子、和佛陀的思想精華，探驪取珠，肯定了流佈於新英格蘭講壇的超越主義思想。

一八四九年，梭羅——這位一向自視爲瑜珈信徒和超越論的詩哲，在寫信給他的好友布雷克(H.G.O.Blake)時承認——「雖然一向粗鄙大意，我卻一直喜歡練瑜珈術；有時靈光

---

❼ 請參閱〈梭羅與「四書」英譯之探究〉。

❽ *A Week on the Concord and Merrimack Rivers* (New York, 1961),p.66.

一閃，還自以為是位虔誠的瑜珈信徒呢！」這種自剖性的文字使得許多批評家，如史坦因(William Bysshe Stein)率爾操觚，遽下結論，把《華爾騰》一書細分成瑜珈術的幾個階段❾。這種自剖性的文字，也可能令人誤解，例如范道倫(Mark Van Doran)就認為——「東方哲學對於梭羅全盤性的思想體系，既不深刻也不廣泛。」范道倫認為梭羅自東方經典吸取的僅是一些特殊的人物和偶相契合的片段文字，而非全盤思想❿。但是，范道倫忽略了梭羅的獨創性並不在他自創的思想體系，而在於他融滙新鑄的各類思想。不過，走向批評的另一極端的是柯瑞斯地，柯氏僅視梭羅為一位新英格蘭虔誠的瑜珈信徒，而把整體的印度思想，略過不提⓫。雖然柯氏指出梭羅許多印度思想的根源，但是他的主要論點，如梭羅反對印度教的禁慾觀點，如自我苦行的磨練，對於宗教體制的缺乏興趣，以及反對印度教悲觀和退縮的態度等等，皆無法令人完全首肯。探討印度思想對梭羅影響的著作不少，但卻鮮

---

❾ 請參考 William Bysshe Stein, "Thoreou's *Walden* and the *Bhagavad Gita*,"*Topic*, 3(1963), pp.38-55; "The Hindu Matrix of *Walden*:The King's Son," *Literature*, 22(1970),pp.303-319; 和 "The Yoga of Reading in *Walden*," *Texas Studies in Literature and Language*, 13(1971), pp.485-495.

❿ 請看 *Henry David Thoreau: A Critical Study* (New York, 1961), p. 95.

⓫ Arthur Christy, *The Orient in American Transcendentalism*, p. 201.

有人能對梭羅全盤性的東方思想的影響作深入的研究⑫。本文基本上仍承襲着前幾位梭羅批評家的論點，但是卻不認爲梭羅是位印度教徒；有趣的是，梭羅在無意識裏，其實依賴的卻是中國道家思想的原則。

梭羅承認「在稀有的瞬間，我也可能成了瑜珈信徒。」許多學者對於這句話深信不疑；其實，此語值得仔細商榷。由於梭羅不時靜坐「一如虔誠的瑜珈信徒——紋風不動，凝視太陽，令盤根交錯之樹枝纏繞頸子」；因此學者如巴廸亞（Kamala Bhatia）不但不視梭羅爲一位「最富赤子之心，無意識，而又坦蕩磊落的詩哲」，反而把他當作一位冷漠的《薄珈梵歌》裏的信徒。事實上，梭羅不但不明白瑜珈術的六段步驟：與知識合一(Jana Yoga)，與愛心合一(Bhakta Yoga)，與意志合一(Raja Yoga)，與勇氣合一(Hatha Yoga)，與言辭合一(Mantra Yoga)，與工作合一(Karma Yoga)，梭羅的日記裏既未提及這些名詞，既使他知道，恐怕也是興趣缺缺。

⑫ 雖然柯瑞斯地的書《美國超越主義裏的東方思想：愛默生、梭羅、與艾爾考特之研究》早已問世了半個世紀；截至今日，所有學者不論贊成抑或反對其觀點，仍以此鉅著爲討論美國十九世紀文藝復興與作家的東方思想的起點。毋庸贅言，柯氏的論點或有偏頗不當處，在過去的五十年裏曾有許多學者不斷地加以修訂闡釋；但是，至今仍未有專家重作廣泛而深入的探討同一個主題。

事實上，梭羅說在「稀有的」瞬間，視自己爲一位瑜珈信徒，並不表示他全心全意擁護這派宗教。在《華爾騰》的〈聲音〉一章裏，其中首段是許多批評家經常引用以肯定梭羅的印度神秘觀；但是，若揭開了這層神秘的罩幕，這段不過是描寫了梭羅自早到晚絲毫不受騷擾的孤寂時刻，只有偶而路過的旅人車轔聲，喚醒了他「時間的流逝」。這種靜謐而滿意的敍述，若說像個印度教徒，還不如說更像位道家哲人。每當梭羅「與搖曳生姿的赤楊和窸窣的白柳聲息相通」時，他總覺得身體早已浸潤流佈於自然的孔道裏，心靈與宇宙也融合爲一體；這些皆顯示了道家「天地與我並生，萬物與我爲一」（《莊子・齊物篇》）的觀念。

享受了「有如自然一樣井然有序的一天之後」，梭羅在《一週遊》裏批評印度教「不夠活潑自在，而且沒有彈性，變化，和潛能」。梭羅認爲印度教「缺少冒險進取的精神，無法向自己所知的領域之外探索；梭羅有點感嘆地說：「印度教只侷限於追求梵天眞義，而卻從未追尋自我以外的世界，一味地沉迷於向內心世界的挖掘，失之於遲頓呆滯。」自許「我應該滿足於靜坐康柯德的後院，赤楊樹下，永恆如一」，梭羅既不需要如印度教徒一樣，將自我（Atman）與塵世以及一切和肉體有關的事物割裂，也不想苦修「自我冥思」的功夫以與梵天合一。梭羅和大多數康柯德的超越論者，和德國的浪漫派詩人一樣，試圖「透過純粹感情的表現尋回人性的基礎」，並且向外延伸，「擁抱並於狂喜的刹那和自然萬物結合爲一。」在這一刻裏，他所想的只是「看、嗅、嚐、觸遍一切與我們相關的萬物」；他不時返回自然原野「傾聽聚蚊的晚禱」，或是一嗅「人跡未至的沼澤裏，野忍冬與覆盆花所喚發出的芳香。」但是，梭羅有時安祥地徜徉在大自然裏，訴諸理性，認爲「宇宙的造物主也不過是一片綠葉」呢。梭羅把自然的事實和象徵轉衍成了宇宙法則。

不論梭羅把自然賦於理性，或者透過情感表現在自然裏覓得眞理，他始終對於追索自己靈魂的動機不大，因此也從不想追逐那些神秘的幻象；梭羅追尋的是與宇宙萬象合爲一體時所獲得的歡樂。人是自然萬象裏不可或缺的部份，但是人不等於自然；惟獨人能在精神的層次超越自然；惟獨人能在純粹感官的生活裏和原野自然和諧相處；在徹底明白自然宇宙的內涵，始能體悟出人性與神性的交融；也惟有在自然宇宙的內涵裏，才能找到最大的喜悅和力量。梭羅十分瞭解自然萬象裏純粹感官和精神的二種層次，有了這種認識才能達到心物合一的境界：既能將自然賦於理性或染上浪漫色彩，又能安祥地享受自然，而不致於「將混沌乾坤轉衍成和諧宇宙」，或立刻把自然法則視爲垂諸四海的不變定理。誠如華滋華斯(William Wordsworth) 所述及，梭羅主要依附於「感官的語言」裏，只有在偶而的時刻能夠一窺天啓的奧秘；大部份的時間，還是需要來自感官的反應。惟有心靈與自然聲息相通結合爲一時，才能達到永恆；也惟有在這結合爲一的時刻，想像力馳騁於宇宙間時，所有人爲的障礙方能煙消雲散，人才可成爲一位超越論的哲人。當然，不是一切感情的反應能獲得天啓的回響；也不是所有理智的分析皆必定得到超越論哲人的支持。

職是之故，梭羅沉迷於電報線所奏出悅耳的音符，凝神觀察黑蟻紅蟻互鬪，或與其兄同行泛舟沿康柯德河順流而下，他不必認識「上帝」就可以達到和宇宙和諧對應的境界。只要不斷的讓自己的心靈敞開，有如道家所揭櫫的無爲之境，自自然然地「流進流出直到生命成了一齣公開的舞雩」；梭羅尋找大自然的同伴，「在炎炎夏日……讓吟吟羣蚊的歌謠伴入夢鄉」；讓自我本然之情控制自己的意志。終日和「豹蛙喁喁長談」，或「佇立林中半日閒」，梭羅率性而爲，俾能和自然萬物的節奏融滙爲一，而達到某種「創造性寂靜」的境界。因此，每當梭羅獨坐湖濱林中，有如「玉米在深夜中成長」，顯示了一種對於宇宙萬物發自內心的道家的潛力，冥合自然之道，獨立而簡樸的生活。

梭羅第一次在日記裏提到孔子是在一八三八年，並在隔年提到了《曼奴法經》(*Manu*)，顯示了他很早就對東方經典有興趣。既使在他比較短的文章以及晚期的作品裏，仍然保留了特殊的道家風味。林語堂在《生活的藝術》(*Importance of Living*) 裏曾說：「梭羅的人生觀，在所有美國作家中，可說最具中國風格，我把梭羅文章譯成中文說是一位中國詩人寫的，一定不會有人懷疑。」本文將從林語堂的觀點出發，希望能在梭羅作品裏覓得隱涵的道家思想脈絡。梭羅有時確實嚮往印度教所鼓勵的孤寂生活或禁慾的觀點，但是梭羅天性喜好自然，嘯遨山林湖濱，「逍遙自在有如蒼穹浮雲，凝視逐漸消失的遠景；所有外在活動的節奏均與生命的脈搏冥合一致，愈是和自然的活動契合，愈能顯示萬物的沉寂；惟有停止不動時，才會覺得嘈雜難耐。」⑬這種本性所反映的正是道家的無爲思想。

二

在梭羅寫下「簡樸！簡樸！簡樸」時，他反映的不僅是道家對財富累積的厭惡，而且更肯定的道出他對「刻苦經濟」的生活能令人過着「斯巴達式的簡樸和心靈昇華」所帶來的喜悅。梭羅反映了道家思想的原則，既不願介入機械鐐銬和擾攘的社會，也不想享受工業化所帶來的菓實。在作品裏梭羅滿懷理想，讚美原始的和諧與自然的簡樸。在大自然裏，「永恆的美德君臨萬物」——人類可以和梭羅一樣，返回純眞的童稚生活。梭羅和老子意氣相投，蔑視陳腐習俗儀式，反對機械化所帶來的腐化。梭羅所服膺的正是《道德經》裏所揭櫫的理想社會——無爲而治，人類自能達到眞善美的境界。

梭羅一則對都市擾攘的生活感到失望，寧願在午後踽踽於康柯德城裏的原野中，尋找他

⑬ *A Week on the Concord and Merrimack Rivers*, p.307.

「生命的原始資料」⑭。梭羅關心的不是人與外在的事物或五花八門的制度間的關係，相反的，他要摒棄的正是那些阻礙人與自然美德合而爲一的東西。只要能感受的人就能愛上自然，也唯獨在自然的面貌裏，才能覓得靜謐之情；熙熙攘攘的紅塵俗世，則無此可能。時時敞開坦蕩的胸襟，體會自然流露的美。梭羅隱居林中，從容自適，與大自然融合爲一，覓得了生命的眞義。

無疑的，老子對於梭羅作出的下列宣言，必定心懷同感：「每逢宇宙間的賢哲豪傑的脈搏與大自然的脈搏，合而爲一時，正是人類邁步向前，走入宇宙旋律的片刻」⑮。梭羅相信，氣象廻映人類——例如深山空氣存留某物，可以滋補且能啓廸人類」，只是梭羅衝動的想以角鹿血淋淋的骨髓爲生時，老子恐怕會皺眉頭呢！老子一向不熱衷於動物性的生命力，不過對於這位新英格蘭哲人追尋自然合一的信念，一定十分歡喜。不論老子抑或梭羅皆對大自然最原始的風貌傾心不已，不斷的接觸才能企及與宇宙乾坤和諧的關係。老子容或無法接納梭羅的某些觀念，但是老子絕對不致於反對梭羅以下的觀察：在原野中才能永保生命活

---

⑭ "Walking," in *Thoreau: The Major Essays*, ed., Jeffrey Duncan (New York, 1972), p.218.

⑮ *A Week on the Concord and Merrimack Rivers*, p.153.

力。原野對梭羅而言，是斧斤未嚮，未經墾拓，「我們怒吼的母親——自然。」

不論道家所認定的自然如何，梭羅一向視之爲荒野與自由。一切自然，不管是他透過望遠鏡看到的樺樹，或是與他一同棲止於木屋裏的老鼠，對梭羅而言，皆爲蠻荒與原始的象徵。梭羅認爲「荒陌不但與人親近而且關係密切」，他肯定的是「生命與蠻荒相容，並存。」梭羅期待「人人一如羚羊，作爲大自然不可缺少的一部份。」和道家相同的是，梭羅感覺到一種「大自然不可言喻的吸引力」，令他不由自主地讓自然之道流入體內，無意識地馴伏於大自然，直觀宇宙萬物的和諧。

梭羅一貫的信念是自然萬物本然皆善，因此，人類追求眞善美的境界，必得與自然合一。梭羅下面的一段話正足以證明他的道家精神：「若城裏的居民穎悟，必能尋得途徑維護自然，雖然所費不貲；因此自然的陶冶遠勝於老師或牧師，甚至於遠優於任何現行的敎育制度。」⑯梭羅相信維護自然是人類保持原始純樸的根本，他在《華爾騰》結束時，仍不斷的爲蠻荒原野辯護；他說：

---

⑯ 請看 Howard Zahniser, "Thoreau and the Preservation of Wildness," *The Thoreau Society Bulletin*, LX (Summer 1958), p. 51.

我們需要曠野來滋養——時而跋涉野雞和鷺鷥潛伏的沼澤，傾聽百鳥齊鳴；時而嗅嗅大地發出微語的稗草，在那裏只有一些更野更孤獨的鳥築巢；貂鼠爬出來，肚皮緊貼着大地爬行。同時，我們熱切地追尋，學習一切事物；我們祈求宇宙萬物神秘且永遠無法揭穿，祈求大陸和海洋永遠狂野，無人探勘，無人測量，因為它們深不可測。大自然對人類的需求永不匱乏，我們必得自無窮的精力，廣邈若巨神的形象中得到啓廸煥發；必須自佈滿破舟碎片的海岸，自生意盎然和腐朽的森林曠野，自雷電烏雲，自一連下了三星期而造成水災的豪雨，自這些乾坤萬象裏得到啓廸煥發。我們必須親眼見到自己突破藩籬；必須在我們從未漂泊過的牧場自由自在的生活。⑰

梭羅一生的作品裏廻嚮的是人類和宇宙合而爲一的道家情懷。梭羅與大地聲息相通：「我難道不該和土地相往還嗎？我自己豈不也是綠葉和青菜的一部份嗎？」⑱道家強調乾坤大地的重要，俾以達到一種「創造性的寂靜」的境界；這種寂靜的境界是把兩種貌似矛盾的

---

⑰ *The Variorum Walden*, annotated by Walter Harding (New York, 1963), p.255. 以下簡註爲 *Walden*.

⑱ *Walden*, p. 124.

情況：絕對的活動和絕對的閒適，綰結在一起。梭羅一生相信「最根本的進步必須是一種絕對休閒的境界」；表面上的閒適之情掩飾的正是內心的澎湃和激昂。徹底的閒適之境僅是所有活動之境裡一物的兩面。梭羅認爲「慈善的社會」只是一種虛幌，唯有不斷的穿透現實，挖掘我們周遭的現實，我們才會明白何謂崇高。」⑲不管這個現實代表的是「一隻蚊蟲微弱的吟聲」，或是「荷馬的一首安魂曲」，或是「土撥鼠咬嚙的嫩葉」，梭羅儘可能避免參與無意義的活動，絕不屈就於外來的力量，而是聽任他自己的靈魂馳騁遊移於「連亞歷山大大帝皆未聽過的無名港埠」裏。

梭羅信賴自然之道「能鼓舞他昂首前行」。他與自然所維持的關係，極似道家。在《康柯德河與梅瑞麥可河一週遊》一書裏，梭羅說：「有時人類心底裏所感受到的自然，不是父親而是母親在他內心裏的悸動，隨着自然母親的永恆，人類亦隨之不朽。」⑳梭羅把自然之道和超越萬物的力量皆視爲陰性，和《道德經》裏以「母親」或「陰性」的觀念闡釋自然之道，有異曲同工之妙。道家認爲「道爲天地之始，而天地爲萬物之母」。所以有「無名天地之始，有名萬物之母」的觀念；道體由靜而動所呈現的陰陽二氣的變化和盈虛消長，卽天地

---

⑲ *Walden*, p.94.

⑳ *A Week on the Concord and Merrimack Rivers*, p. 321.

之所由出與萬物之所由生，故曰玄牝之門，卽陰陽之門，是謂天地根，亦卽萬物根。故老子有言：「玄牝之門，是謂天地根。」道家勸人動靜語默之間，要能柔弱安靜，謹言愼行，勿爭雄長；故曰：「天門開闔，能爲雌乎。」道者萬物之母，衆人徇物忘道，而聖人脫遺萬物，以道爲宗，譬如嬰兒，無所雜食，食於母而已。這就是老子所說的：「我獨異於人，而貴食母。」食母卽修道之意。世人舍本逐末，我獨反本復始；世人徇「物」，我獨求「道」。無怪乎《莊子・天下篇》稱老子「澹然獨與神明居」，而爲「古之博大眞人」；眞人之所以獨異於人者，唯在其能守其「眞」而反乎「天」也。所謂「守眞」而「反天」者，也就是「食母」之謂也。而且，老子認爲萬物皆爲道所生，故道可以爲天下母：「可以爲天下母、吾不知其名、字之曰道。」萬物皆稟賦陰陽二氣以得其生，復當將其所稟賦之陰陽二氣保持一種自然調和的狀況以得其養，老子有言，「萬物負陰而抱陽，冲氣以爲和。」《易經》所謂：「大哉乾元，萬物資始」，卽「道」爲天下始，爲萬物母之意。這也正是老子所說的：「天下有始，以爲天下母。旣得其母，以知其子。旣知其子，復守其母。沒身不殆。」老子又以同樣的意象形容修道大成的人，盛德而至於莫知其極，可以爲君而有天下，且若不失「道」敗「德」，則必更將永久享其福祚也。這就是老子說的：「莫知其極，可以有國。有國之母，可以長久。是謂深根固柢，長生久視之道。」道家之肯定母性、陰性，或雌性爲大地萬物法則不可缺少的特質，亦正是梭羅在大地之母裏尋找力量的相同觀念。

梭羅也和老莊哲人一樣，想從自然萬物裏，尋得一種能反映相反相成的特質。「水」的意象是其中最鮮明的一個：水反映的是自然湍流不息和沉靜平穩的兩種性質。這正是道家無爲無不爲觀念的雛型發展。梭羅和老子相同，把水視爲柔弱但卻是堅韌之物，所表現出的是一種絕對的力量。這種絕對的力量卽是絕對的寂靜。老子有言：「天下莫柔弱於水，而攻堅強者莫之能勝，其無以易之，弱之勝強、柔之勝剛，天下莫不知，莫能行。」不論是在《康柯德河與梅瑞麥可河一週遊》或是《華爾騰》，梭羅皆運用了水的意象以作爲大自然看似消極被動但卻生生不息的表徵。梭羅最著名的一段文字卽以水的意象貫穿前後語意的脈絡；水成了時間的具體象徵：

> 時光只是我垂釣的一泓清溪。我掬水而飮；啜飮之時，但見細砂歷歷可數，乍覺河底何其清淺！玎珮水流淙淙，然而永恆常留。我願深飮；仰飮長空，垂釣星河，蒼穹底層，濯白晶瑩的鵝卵石是羅列的繁星！㉑

㉑ *Walden*, p.94.

在《一週遊》裏，梭羅本人更是和河流認同，無拘無束，靜穆地漂蕩在微波上，他不但發現「川流的消逝，與大地的法則——時光，以及所有造物主所創造的萬物一樣，追隨相同的法則」；而且他透過水的象徵體悟了人與自然合而爲一的道家境界。而梭羅的華爾騰湖不但是「一切進步的標誌」，而且還是人類靈魂的深邃與高遠的象徵。

華爾騰湖是一面十全十美的明鏡：國家的興起滅亡，皆無法玷汚到它。這一面明鏡，石子敲不碎，它的水銀永不磨損。大自然時時不忘修葺它的面貌；沒有風暴、沒有塵垢能令它萬古常新的表面黯淡無光——這一面明鏡，即使有微塵落下亦會消逝得無影無踪。太陽朦朧似的大刷時時拂拭它——這是一片光的拭塵布——呵氣於上，也留不住形跡，化成爲雲就從水面飄浮到高高的空中，却又瞬即把雲光反映在水中了。[22]

在這段優美的文字裏，湖水的澄澈反映的是梭羅人品的高潔澄澈。有趣的是，莊子不但把水比擬成心境的寧謐與精神的澄澈磊落：「平者水停之盛也。其可以爲法也，內保之而外不蕩。」另外，莊子還把完人的心境比喻成一面鏡子：「至人之用心若鏡，不將不迎，應而不

[22] *Walden*, p. 162.

藏，故能勝物而不傷。」梭羅與莊子運用了相似的意象，實在饒有意義，值得令人深思。

除了闡釋水的生生不息的活力與清澈的特質，梭羅認爲童稚之心是人類成長過程裏本然之性的象徵；這一點梭羅和道家哲人同樣極爲相似。唯有存留童稚之心，才能返歸質樸天眞的境界。梭羅時時自況爲「霧靄之子」(The Child of the Mist)，象徵的是純潔原始的情形，在那裏生命的眞諦乃基於心靈和人性新生的盟約，反對的自然是浮華虛僞的社會。老子所強調的聖人修養工夫的極致，正也是精神純一，心性柔和的赤子之德；任自然之氣，能若嬰兒之無所欲，則物全而性得矣；這就是老子所說的：「專氣至柔，能嬰兒乎。」老子還要求人類如嬰兒之天眞自然，要能「含德之厚，比於赤子」，因爲赤子無思無慮，無造無作。此外，老子認爲人要能謙下如深谿，如此則德常在不復離於己；要能常復歸志於嬰兒，蠢然而無所知。因此，老子說：「爲天下谿，常德不離，復歸於嬰兒。」其理自明，因爲谿不求物，而物自歸之；嬰兒不用智而合自然之智。不論是赤子或嬰兒，兩者皆是梭羅和道家所追尋的理想，修道養生者所嚮往的一種人格模式。老子以嬰兒爲喩，言人之修道養生，當求能如嬰兒一般，嬰兒之生命柔弱，精神純粹，血氣飽滿，而生機旺盛，凡此皆修道養生者，所追求嚮往的目標和理想。人生在世從事營生的種種活動，常不免具有傷生的反效果，這是人生的悲劇，避免的方法，正是老子和梭羅所倡導的方法：清靜自然，與天地一體；所揭示的理想則是赤子嬰兒：神全而物不傷。

梭羅對於水和稚子的觀念，和道家哲人不謀而合，顯示他有着別人少有的直觀稟賦。爲了培育生意盎然的生命藝術，而不爲「瑣碎無聊，忙碌難耐的外務而騷擾了平靜的日子」，梭羅力求自己的脈搏和大自然聲息相通，簡樸生活，擷取生命的精髓。

三

但是，並非所有的康柯德超越主義作家皆同意梭羅的觀點。而且，梭羅表面那種終日無所事事，悠閒的徘徊在林中擷拾花草，靜聆獸鳴蟲吟，對鎭上的農夫而言，不啻爲懶散怠惰的表現。鎭上居民不會明白，梭羅靜觀宇宙萬象，細察蓮花和河鼈時，早已達到與自然物我合一的境界，忘懷了紅塵俗世的緣情。雖然梭羅可能臻及道家無爲的化境，但是鎭裏的居民卻懷疑他的動機；以下是一位農婦對梭羅行爲有趣的觀察：

我路過自家田野到了河濱，就在那兒的一個小湖畔，大衞・亨利靜靜地站着，什麼事也沒作，就是站在那兒——凝視着湖水；中午回來時，他仍然佇立穆然，兩手背倚，佇身靜觀湖水；午餐過後，我重又繞回原處，仍見他佇立原地，對着湖水發怔。我駐

> 足發問：「大衛・亨利呀，你在做什麼啊？」他連頭都沒抬起，依然凝視湖水，好像他想的是天上的星辰，說着：「墨雷太太，我在研究牛蛙的習性——」就這樣這個傻子佇立整日——大好討生計的一日——『研究』，牛蛙的習——性——。」㉓

這段康柯德鎮民對梭羅的回憶錄，雖然略帶誇張疑惑的口吻，但卻幽默的勾勒出梭羅那種道家式渾然忘我靈魂與外在世界冥合爲一的心境。

梭羅和莊子相同，強調平靜的心靈是保存人類精神力的途徑，兩位東西哲人皆不期然的肯定閒適安祥心境的重要。兩位皆明白：「不欲以靜，天下將自定。」以及「淸靜爲天下正」的道理。莊子鼓勵人類自閒適中覓取珍貴的生命精髓；一如梭羅，莊子厭惡虛擲生命的瑣碎生活，似乎不斷地向新英格蘭的汲汲營營的居民發出相同的警告：

> 終身役役而不見其成功，薾然疲役而不知其所歸，可不哀邪？

這些警言亦正是梭羅所揭示的信念：「一週裏的第七日是工作日：其餘六日皆是安息

㉓ Mary French, *The Memories of a Sculptor's Wife* (New York, 1928), p 95.

日。」㉔我們不妨更進一步地說，莊子的話亦正廻響了梭羅心中的抗議：

> 沒有安息日——要是能見到有人閒着，那才是光榮的大事呢！——他們只是工作，工作，工作。㉕

梭羅和莊子所反對的，並非工作本身；而是那種視工作爲目的而非手段的心態。高度工業化的結果，人類與自然逐漸疏離，人不成其爲人，人反倒成了制度的祭品。梭羅和莊子一樣，並不認爲人類應長期辛勞的工作。梭羅相信「大部份的奢侈品，大部份所謂的生活舒適，非但沒有必要，而且對人類的進步大有阻礙。」梭羅發現「最聰敏的人所過的生活反而比窮人更加簡單而貧乏。」㉖梭羅對於東方的哲人，一直流露着仰慕之情；尤其對於他們所肯定的精神生活更是心儀不已；他說：

㉔ 請參閱 Sherman Paul, *The Shores of America: Thoreau's Inward Exploration* (Urbana, Illinois, 1958), p.48.

㉕ "Life Without Principle," *Thoreau: The Major Essays*, p. 284.

㉖ *Walden*, p. 33.

中國、印度、波斯和希臘的古哲人皆屬於同一類型的人物——外表貌似貧困，內心卻十分富裕㉗。

道家哲人不但警告「富貴而驕，自遺其咎」；而且奉勸人要「見素抱樸，少私寡欲。」只要任道之無爲，則自然之化暢萬物之性遂，而無不爲矣。因此，能以無爲事者，乃能利天下，若自爲紛張其事，適足以擾天下，何能利天下呢。道家哲人因此反對人僞的羈縻限制，反對一切與自然扞格不合的制度，如政府和法律，以及毫無意義的道德規範。這些人僞的種種，莊子認爲只是徒具表相，擴大人類不平的畛域。因此莊子極力反對以治治天下，認爲欲使天下治，莫如以不治治天下：

汝游心於淡，合氣於漠，傾物自然而無容私焉，而天下治矣。

一言以蔽之，若社會能返璞歸眞，回到理想的原始社會，則一切人僞的法律與規範皆可以不必存在。事實上，人類要能眞正自由，則能安於無事，各復其性，而歸於本然之情，淳

㉗ *Walden*, p.33

樸成風，則能無爲而治。道家因此對於任何聖智仁義巧利，世人所謂的美德，皆認爲華而不實，惑亂天下之源。故必須「絕聖棄智，民利百倍。絕仁棄義，民復孝慈。絕巧棄利，盜賊無有。此三者，以爲文；不足，故令有所屬。」老子認爲聖人法道，則聖智仁義皆眩而存焉，卽下至巧利，亦眩而存焉，因此棄其末而揣其本。如果天下淳樸猶存，用此六者，是歆動之使爲澆離也。若淳樸已散，而欲以此六者爲治，是披裘救火，益薪止沸。因此，老子極力主張摒棄此種人僞畛域之分的規範，法自然之道，無分善惡美醜生死始終。莊子亦認爲：

古之眞人，其寢不夢，其覺無憂，其食不甘，其息深深……古之眞人，不知悅生，不知惡死。其出不訢，其入不距。翛然而往，翛然而來而已矣。不忘其所始，不求其所終，受而喜之，忘而復之。是之謂不以心捐道，不以人助天。是之謂眞人。

這裏莊子的「眞人」早已與宇宙冥合爲一，歸之自然，化爲無爲之道了。

梭羅肯定的也是自然原始之道。他認爲「人生的責任是任何時刻做自己認爲最妥適的事。」只要依賴個人良知，卽能合乎宇宙自然的法則。因此，梭羅對於那些住在康柯德鎭裏，一面僱用奴隸，一面又高舉服膺上帝旨意的人，最爲痛恨。大多數鎭民自詡爲虔誠基督徒，但又相信蓄奴並不違背基督精神，而且並不以爲蓄奴爲道德淪喪的現象。梭羅因而對基督教義，特別是其中對善惡模糊不淸的區別，感到懷疑。他甚至以爲基督精神對於人性和美德有所曲解。

一如道家哲人，梭羅對於基督教賢愚善惡天堂地獄所作不公的區分，是一種對宇宙自然法則的破壞。也許基督教義詮釋的是上帝的恩寵憤怒，但是對於梭羅而言，此種分際卻足以凌越人類良知良能的本性。梭羅唯一信奉的道德是宇宙自然的道德。梭羅以爲只要人類行爲「其煥發之氣息足以躍昇大地的甜美芬芳」，上帝更高的規範自然會平靜的流入人類心靈。

四

梭羅一生所反對的正是人類所作不必要的區別，卽使是宗教裏所作的畛域之分，亦毫無意義。梭羅對於生死榮辱的勘破體悟，更使他十足的像一位道家哲人。依據他妹妹索菲雅的記載，我們可以約略看到梭羅道家的影子。他說：「病入沉痾和身體康健時，同樣舒適；心靈和身體狀況一貫的相互呼應。死亡的念頭，他說，實不足以擾其心靈。」㉘另外一段回憶

㉘ "The Last Days of Thoreau," *The Thoreau Centennial*, ed., Walter Harding (New York, 1964), p.40.

錄，也同樣可以看出梭羅的達觀和了悟：「梭羅死前很長的一段時刻，一直處於精神昂揚的情況。他說疾病和健康相同——有如人類，時而蹙窘時而發達，兩者皆沒有什麼不好。」㉙

梭羅對於生死的達觀，和莊子對於死亡的超越相似：集幽默、智慧、哲理於一爐，形成一股亙古的豪邁。莊子臨死時，其弟子欲厚葬之，莊子拒絕：

「吾以天地為棺槨，以日月為連璧，星辰為珠璣，萬物為齎送，吾葬具豈不備邪？何以如此？」弟子曰：「吾恐烏鳶之食夫子也。」莊子曰：「在上為烏鳶食，在下為螻蟻食，奪彼於此，何其偏也！」

宇宙自然死生循環不已，死亡不是生命的結束而是另一個新生的開始；梭羅所認識的死亡與再生的宇宙觀，事實上，正是承襲宇宙萬象生生不息的觀念來的：

自然萬象的每一個枝節皆指引着我們：生命的逝去乃是另一新生之開始。橡樹枯萎凋零，返歸塵土，留下一粒豐實的處女種籽，預示着未來一片新生森林茁壯的生命㉚。

㉙ "The Last Days of Thoreau," p.33

㉚ Henry David Thoreau, *Journal*, I, p.3.

梭羅終其一生渴慕而欲親身體驗的自然生活誠如道家所追尋的人生觀——一種與大自然和諧相處的生活態度。道家追求的人生境界是「天地與我並生，而萬物與我爲一」；「上與造物者遊，而下與外死生無終始者爲友」。只要人類能和宇宙萬物融合爲一，我們自然能體悟：「四肢百體將爲塵垢，而死生終始將爲晝夜，而莫之能滑，而況喪禍福之所介乎？」的道理。梭羅不斷地鼓勵人類：「莫晛一時，留眼永恆！」(Read not the Times. Read the Eternities.) 梭羅與道家哲人同樣關懷個人心靈的自我提昇：滌除玄覽，修心去欲，服膺自然之道，希望全人類皆能達到和天地同遊，與萬物合一的境界。

蘧蘧然轉世的老莊

——論梭羅的東方思想

熟悉中華文化的梭羅學者必然明白《華爾騰》裏所揭櫫的理想與悠久的中華道統極爲相似，外貌酷似儒家思想，精神上卻類屬道家思想。《華爾騰》裏確實涵括許多摘引自儒家經典的警句格言；但是，這部鉅著所隱涵的主要思想在實質上仍然應該歸屬於道家思想的領域。林語堂博士曾經說過：「梭羅的人生觀，在所有美國作家裏，可以說最富中國人的色彩。我把梭羅文章譯成中文說是一位中國詩人所寫的，一定不會有人懷疑。」他特別說明梭羅的率眞、怪異、與特立獨行，不爲外物所羈等品格和中國的詩哲莊子極爲相似。凱迪（Lyman V. Cady）就曾經指出《華爾騰》和《道德經》有許多非常相似的地方：神秘的自然觀，喜愛簡樸和原始生活，厭惡傳統習俗與政府的干涉，以及似反實正的修辭策略等。美國小說家德萊塞（Theodore Dreiser）也曾經說明梭羅行逕極似菩薩、耶穌、和老子。

這些論述揭示了梭羅很可能多少曾經受了道家經典的影響。然而，大部份的批評家卻斷然否認道家思想曾經對梭羅有過任何直接或間接的關聯或影響；凱迪的意見可以稱得上是持此派意見的代表。凱迪說：

> 不可否認的，不論是直接的引述抑或是間接的摘錄，梭羅皆從未提及此派的學說。很明顯的，梭羅壓根兒就不知道有這一種中國的古典思想。理由很簡單，道家經典譯成西方文字以及發行出版遠落於儒家經籍的翻譯之後；一直要到一八四〇年代才有了第一部法文譯本和二部德文譯本；顯然梭羅從來就沒有涉獵過此類書籍；不用說，他更不可能注意到一部較早由耶穌會教士所翻譯成拉丁文的譯作。梭羅之未能涉獵老、莊的作品，不僅是他個人也是我們大家的損失。
>
> (*American Literature*, 33, 1961, pp.20–32)

卽使凱迪的論點看起來彷彿證據確鑿無可爭辯，但仍然無法令人完全信服。梭羅與道家思想的相似點十分明顯，恐怕絕不僅止於巧合和偶然而已。

窮本溯源研究影響梭羅的資料，似可證明梭羅恐怕曾涉獵過一些道家思想的典籍。首先，名學者柯瑞斯地（Arthur Christy）在他的經典鉅著《美國超越主義裏的東方思想》（*The Orient in American Transcendentalism*）一書裏曾經敍述了一些康柯德學派學者所認識的研究東方的先驅，其中最顯赫的當屬一位名叫何慕薩（J. P. A. Rémusat）的法國漢學家。他的主要譯作包括了《中庸》（*L'Invariable Milieu*）在一八一七年出版；和一八二六年出版的《玉嬌李》（*Iu-Kiao-li, ou, les deux Cousines*）。何慕薩名氣在康柯德學派裏是一位耳熟能詳的人物。柯瑞斯地並且敍述了愛默生自何譯的《中庸》裏擷取了不少觀點以闡釋他個人的自然觀；而梭羅也自張勻著的中國小說《玉嬌李》中摘錄了不少片段。此外，柯瑞斯地並且提到何慕薩的《老子憶述摘要》（*Extrait d'un memoire sur Lao Tseu*）是一部非常重要的作品，其內容搜羅了當時遠東學會出版的作品以及一些頗有見地的比較文學期刊；柯瑞斯地同時指出這部《老子憶述摘要》還討論了道家、柏拉圖、和畢達哥拉斯之比較研究。設若柯瑞斯地所敍述的「康柯德學派諸子對於何慕薩之名皆耳熟能詳」此言不虛，那麼我們可以肯定梭羅必然讀過這部《老子憶述摘要》。

此外梭羅也可能已經閱讀過法國人博迪耶（M. G. Pauthier）所翻譯的道家作品。凱迪指出《康柯德河與梅瑞麥可河上一週遊》（*A Week on the Concord and Merrimack Rivers*）裏，梭羅曾再三地提到一位法國翻譯家，並且對此人的譯著讚不絕口；無疑的此人必定就是博迪耶。凱迪旁徵博引以證明他的論點：梭羅在《華爾騰》裏所摘錄之儒家思想的警句引文，既不是摘錄自柯理（David Collie）之《中國古典作品——泛稱四書》（*The Chinese Classical Work, Commonly Called The Four Books*）抑非引自馬胥曼（Joshua Marshman）的《孔子的作品》（*The Works of Confucius*）；而是從法文譯者博迪耶的譯作摘錄而來。這個見解發人所未發，確屬持平之論；不過，就梭羅引用的是博迪耶的那一部作品，我們與凱迪的意見，恰屬南轅北轍。凱迪認爲梭羅所用的是《東方賢哲之作品》（*Les Livres Sacres de l'Orient*）；這本書是一八四一年首次在巴黎出版；一八四二年續版發行。實際上，凱迪的資料並不完全正確。《東方賢哲之作品》初版問世是在一八四〇年而不是凱迪所說的一八四一年。我們可以自該書之扉頁所載的出版日期得到印證。我們認爲博迪耶所譯之《孔子與孟子》（*Confucius et Mencius*）方才是梭羅所摘錄的來源。「魏克曼收藏之十九世紀美國作家作品一覽表」（Catalog of Stephen H. Wakeman Collection of Books of Nineteenth Century American Writers）裏曾經縷列了一九二四年四月廿四至廿九日在紐約美國藝術學會所拍賣的書籍，柯瑞斯地發現了其中的一項是這樣記載著：

九八五——梭羅（亨利・大衛）草稿筆記簿，其中包含了兩位法國譯者的譯文或片斷以及他個人的批註，非常詳盡地用鋼筆撰寫；約莫有二百廿五頁，二萬八千二百字左右，部份譯自法文之譯文：譯自博迪耶所著之《孔子與孟子》(*Confucius et Mencius: Traduit du Chinois. Par M. G. Pauthier*)；譯作有廿三頁。有許多段落梭羅已經譯好，其中在段落之間還夾雜著他個人的註釋。

這條短註毫無疑問建立了一件事實：梭羅確實擁有一部博迪耶直接譯自中國經典作品的法文譯本《孔子與孟子》。此譯著於一八四一年問世，較《東方賢哲之作品》略遲一年出版。根據博迪耶自己所遺留下來的作品和譯著，可以窺知博氏對於道家思想的興趣不遜儒家思想。遠在一八三一年時，博氏的作品《論道家思想之源起與闡揚》(*Memoire Sur l'Origin et la Propagation de la Doctrine du Tao*) 即首由遠東圖書館 (Libraire Orientale)出版。書中論述老子之泛神論與印度之《奧義書》(*Isha Upanishads*)兩者間的關係。既然梭羅可以獲得一部《孔子與孟子》，無疑的，梭羅必然也可能擁有較早出版的這部博迪耶的譯著。

博迪耶翻譯的第一部中國古典作品是《大學》(*Le Ta Hio*)，這部譯作在一八三七年十月卅日出版，在本書前之扉頁裏曾刊載了下面這則廣告：

> 《道德經》(*Le Tao-te-King*)，是「一部崇高理性與美德之書」(Le Livre de la Raison Supreme et de Vertu)，作者是老子，已譯成法文出版。此書首次附有拉丁文與中文對照譯出，於歐洲發行，並且附載薛蕙(明 Hsi Ho)完整的評註。此書論冊以八開版本發行。

在書籍末尾的題記裏提到《道德經》第二冊即將發行問世。根據這一則廣告，第一部《道德經》應該早在一八三七年卽已出版。但是在檢視此書的戳記，其發行日期卻是在一八三八年；這一點可以說明《道德經》確實可能於該年年初卽已發行問世了。

老子的《道德經》以言簡意深著稱；通常包括八十一章，每一章大約是十行。博迪耶準備將《道德經》譯成六冊；他所譯的第一冊有九章；實際上只有七十七行。但是全書卻厚達八十頁；內容略嫌蕪雜凌亂，乍眼視之，驟覺此譯著只是一部大雜燴：包括了以律詩翻譯之拉丁譯文；以白話翻譯之法文譯文；中文原文則僅佔極少的部份，另外還摻雜了薛蕙(1489-1541)(《老子集解》)以及一些中國學者所寫的的註釋，與譯者自己添補的部份，對於評論作第二度的闡釋等，益發使得此譯作不但未能清晰地向讀者解析，反倒令讀者陷入錯綜混淆轇轕不清之迷境。

我們詳述博迪耶之《道德經》的譯本，因爲我們深信梭羅曾經拜讀過此部譯著。一八四一年一月廿九日，梭羅曾經留下如此的一段話：

設若我竭力揭露內心深處極豐富的藏物，將之公諸於世；必然發現靈臺裏雜亂地擺設著的竟是最粗俗的家當。不過，在數月或數載之後，我也可能突然地找到了印度的寶藏；在那堆凌亂的東西，發現了遠涉千山萬水自中國運來的稀世珍品；在那些表面看來像是乾枯的蘋菓或南瓜裏，驟然明白那些正是成串的巴西晶瑩鑽石，或採自珂羅曼代的璀燦珍珠。

（《梭羅日記》卷一，頁一八二）

我們斟酌再三下面這句話：「在那堆凌亂的東西，發現了遠涉千山萬水自中國運來的稀世珍品」，認爲實在除了博迪耶所翻譯的《道德經》而外，再也找不到別的譯著更切合梭羅的這句話了。儒家的「四書」固然早爲大家熟悉，而且也譯得不錯；但是「四書」既非「稀世珍品」，亦不是「一堆凌亂之物」；而且《道德經》能夠讓康柯德派諸學者認識的方式乃是透過法文的翻譯而來，這種「二重」的翻譯的確是「一堆凌亂之物」。

此外，另有一些間接的證據可佐證我們的假設：梭羅確實讀過《老子》。一八四〇年六月廿六日，梭羅在他的日記裏曾經記下了七則似反實正的矛盾語，每一則皆和老子的《道德經》極爲相似；爲了方便對照比較，我們將列舉這七則矛盾語的警句。以下是梭羅自己的論述：

1. 藝術最高之境界是斧鑿無痕避談藝術。
2. 眞理永遠自相牴牾。
3. 愈是寂然不動愈能達到目標。
4. 有件事最好無所作爲，那就是，任所欲爲。
5. 唯有歷經苦難始能避免苦難。
6. 不抵抗的人始能堅忍不拔永不退縮。
7. 駐足牆外，無人傷你。唯一的危險是會被困偈牆隅，無所遁逃。

以下似反實正的矛盾語是擇錄自老子的《道德經》：

1. 大巧若拙（洪德第四十五）
2. 正言若反（任信第七十八）
3. 聖人後其身而身先（韜光第七）
4. 爲無爲，則無不治（安民第三）
5. 曲則全（兼謙第廿二）

6. 非以其無私耶？故能成其私（韜光第七）

7. 外其身而身存（韜光第七）

當然，我們會覺得梭羅和老子的這些似反實正的矛盾語其實只是極簡單而且極其通俗的警句格言，兩位哲人只是靈犀相通而已。但是讀者恐會驚歎着說：東聖西聖，其揆一也呢！更何況是一位作者寫下了七則互不相干的矛盾語，而且恰巧又和另一位作家所寫的相互吻合，此種事例恐不多見。

此外，《道德經》裏有許多句子皆屬平仄押韻，在法文譯本的《道德經》第六章裏，博迪耶特地要讀者注意一件事：「老子在書中《道德經》不但押韻而且還使用了尾字諧音步的技巧。」饒富意味的是，就在梭羅寫下這七則矛盾語的前一天，梭羅在《日記》中曾經這樣寫着：

> 無庸置疑，書最高超的德性正是押了韻或有節奏——不論形式抑或內容皆可以稱作詩。諸如各國的名著經典就屬此例。設若我想編纂一部包容了全人類智慧結晶的選集，我絕不會摘錄那些不押韻的詩文。《梭羅日記》卷一，頁一百五十一

每當梭羅論述各國之名著經典時，他無時無刻不會忘記中國的諸家經籍。曾有一次梭羅坦白

地承認他其實對印度、中國以及波斯的經典遠比對希伯萊的《聖經》要來得更熟悉。而現在又是那部經典令梭羅說過：「任何押了韻或有節奏的書，不論在形式抑或內容皆可以稱作詩」？就一般的見解，儒家的「四書」是以散文寫成；而且根據我們研究的結果，並未見過一位譯者曾經以「押韻」或「平仄」的格律翻譯「四書」。如果說梭羅僅止於認識「四書」這部經典而完全不知道《道德經》是以「平仄」「押韻」翻譯，那麼，上面這句話恐怕梭羅會是另一番說辭吧？

雖然，我們確信梭羅唸過老子的《道德經》，但我們卻無法確定他是否讀過《莊子》。縱使一般人常說瞭解了老子其實就已經明白了莊子思想的精髓；但是，老、莊哲學仍然有許多不相同的地方。

有趣的是，梭羅與莊子的相似處遠比梭羅與老子的相似處來得多。

在基本思想與人生信念上，老子和莊子是不分軒輊的；不過誠如林語堂在《生活的藝術》所言，老、莊思想的歧異處有犖犖下列數端：首先，老子最根本的訓誨是虛懷若谷，老子時時禮讚柔弱、順從、不爭，以及謙下的智慧等是無上的美德；相反的，莊子強調寂然不動，透過寧靜和休息可以養生維持精力。職是之故，老子推崇水——萬物裏最柔弱之物，視水為智慧的象徵，追求低下卑微的東西。而莊子卻把水比擬成心境的寧謐與精神之澄澈磊落：

平者水停之盛也。其可以為法也，內保之而外不蕩也。

《莊子・德充符第五》

此外，莊子還把一位完人之心境比喻成一面鏡子：

至人之用心若鏡，不將不迎，應而不藏，故能勝物而不傷。

《莊子・應帝王篇第七》

同樣的，梭羅也以象徵的手法描述「華騰湖」：

華騰湖是一面十全十美的明鏡：國家的興起滅亡，皆無法沾污到它。這一面明鏡，石子敲不碎，它的水銀永不磨損。大自然時時不忘修葺它的面貌；沒有風暴、沒有塵垢能令它萬古常新的表面黯淡無光——這一面明鏡，即使有微塵落下亦會消逝得無影無踪。太陽朦朧似的大刷時時拂拭它——這是一片光的拭塵布——呵氣於上，也留不住形跡，化成為雲就從水面飄浮到高高的空中，却又瞬即把雲光反映在水中了。

《華爾騰・湖章》

從表面上看來，這一段只是一則敍述湖水的優美文字而已，但若深一層探究的話，我們可以發覺，湖水的澄明正反映了梭羅人品的高潔澄澈。

其次，老子提倡知足，莊子卻再三地敎誨人類尋求自我的解放，而後方能昇華於形而上的境界裏作逍遙遊。苟能臻至此境，庶幾乎能自外於物慾之羈縻，恣肆享受眞正的人生。老子曾說：

罪莫大於多欲，禍莫大於不知足，咎莫僭於欲得。

《老子・儉欲第四十六》

莊子由於氣質使然，並不提倡知足。林語堂曾經自《莊子》全集裏擇錄了兩行以作爲莊子對知足的諫言；我們無疑的必然會同意林語堂的解釋，這兩行是這樣的：

鷦鷯巢於深林不過一枝，

偃鼠飲河不過滿腹。

《莊子・逍遙遊第一》

就人生的層次探討，上述這兩句話的題旨——借用梭羅的話就是——「生命的必須品」所求不多，而自然界裏所蘊藏的是如此豐盈，人類大可以各憑己意各取所需。梭羅幾乎也有相同的論點：

原野上的牛只需要幾吋可咀嚼的草地，一些冷水；頂多加上森林或山蔭以為宅居之處。

《華爾騰・經濟篇》

尋根究底，莊子最關心的是什麼呢？「享受生命」——這是莊子，也是梭羅的《華爾騰》一貫出現的主題。一如梭羅，莊子對於「芸芸衆生」過着「寂靜絕望的生活」深感不安，他說：

終身役役而不見其成功，薾然疲役而不知其所歸，可不哀邪？

《莊子·齊物論第二》

有趣的是，梭羅竟然也有相同的意見：

俯視芸芸眾生，卽使是生活在比較自由的土地上的人，皆可能因無知和錯誤，充塞著人為的憂慮，與忙不完的生命粗工，而令他們無法採擷生命之美菓。

《華爾騰·經濟篇》

此外，梭羅和莊子二位哲人皆特別喜愛散步，兩人都十分喜愛大自然。《莊子》首篇特別標以「逍遙遊」，卽是一次「愉悅的遠足」，或「悠閒的散步」。此篇包容了許多寓言，第一則寓言，也就是最著名的一則寓言。敍述一隻翱翔的巨鳥——大鵬：

北溟有魚，其名為鯤。鯤之大，不知其幾千里也。化而為鳥，其名為鵬。鵬之背，不知其幾千里也。怒而飛，其翼若垂天之雲。是鳥也，海運則將徙於南冥，南冥者，天池也。齊諧者志怪者也；諧之言曰：「鵬之徙於南冥也，水擊三千里摶扶搖而上者九萬里。」去以六月息者也。野馬也，塵埃也，生物之以息相吹也。天之蒼蒼，其正色邪，其遠而無所至極邪；其視下也，亦若是則已矣。且夫水之積也不厚，則負大舟也無力；覆杯水於坳堂之上，則芥為之舟；置杯焉則膠水淺，而舟大也。風之積也不厚，則其負大翼也無力，故九萬里則風斯在下矣。而後乃今培風，背負青天而莫之夭閼者，而後乃今將圖南。蜩與學鳩笑之曰：「我決起而飛，槍榆枋時，則不至而控於地而已矣，奚以之九萬里而南為？

《莊子．逍遙遊第一》

我們若同時摘錄《華爾騰》裏的一段話，和《莊子》的摘錄作爲對照比較，一定十分有趣：

流浪的水牛跑到了另一緯度去尋找新牧場，並不會比一隻踢翻鉛桶，跨過牛欄，在餵乳時奔到小牛身旁的母牛更為過火！

《華爾騰．結束語》

讀者可曾注意到這兩段話是何其相似啊！唯一的不同是，莊子用「摶扶搖而上者九萬里」的大鵬與「槍榆枋時，則不至而控於地」的蜩與學鳩，是一極鮮明的對照比較；而梭羅用的是「流浪的水牛」和「母牛」。比擬物容或歧異，但是兩人的基本觀念卻是相通的。此外，莊子運用了「遊」這個字，其延伸的涵意包括漫遊，散步或流浪等字眼，再三出現於其作品中。莊子是這樣子敍述自己的抱負的：

上與造物者遊，而下與外死生無終始者為友。

《莊子・天下篇第三十三》

易言之，「遊」就是與「道」合而爲一，與大自然和諧相處。梭羅也同樣日復一日的追求，欲與大自然合爲一體；他十分喜愛大自然，因此不時外出散步數哩之遙而不覺倦怠，即使在寒天亦樂此不疲。研究梭羅的專家庫克稱梭羅是一位居住於「原野與森林的原住民」，實在是鞭辟入裏之見；我們認爲此稱號封之於莊子亦極恰當。莊子善於自我剖析，有一回他曾經這麼說過：

澤雉十步一啄，百步一飲，不蘄畜乎樊中；神雖王不善也。

《莊子・養生主第三》

同樣的，梭羅也有類似的描述：

> 我非得把河濱的櫻草花移植到山坡上嗎？「此地」即它萌芽生長之處；「此刻」即它姹嫣怒放之時辰。設若陽光，雨露降臨「此地」，催促它綻放成長，我們應否僭越此地攀折它？可否因為私心而將它移植至暖房去呢？
>
> 《梭羅日記》卷一，頁二〇〇

如果有人問我們能否以莊、梭自己的論述來形容他們兩位喜愛大自然的神秘詩哲，我們會毫不猶豫地封莊子爲「澤雉」；而直呼梭羅爲「河濱的櫻草花」。

梭羅和道家另一項極爲相似的地方是，他們對於原始與簡樸的喜愛，其結果必然演變成他們對傳統與政府干涉的厭惡。《道德經》無疑的是人類對於過度組織化與機械化第一部斬釘截鐵的抗議書。老子說：

> 其政悶悶，其民淳淳，其政察察，其民缺缺。
>
> 《老子・順化第五十八》

老子對於統治者的諫言是，

治大國若烹小鮮。

《老子・居位第六十》

事實上正是如此：設若你不願意袖手作壁上觀，魚兒必會由於你不停的攪動而變得糊爛不堪了。莊子的意見亦大抵如此：他直呼「聖人」爲「竊國賊」；唯「聖人已死，則大盜不起，天下平而無故矣；」莊子反諷地嘲弄著說：

聖知不死，大盜不止；雖重聖人而治天下，則是重利盜跖也。

《莊子・胠篋第十》

梭羅在〈不服從論〉裏曾經明確地愷訴他心悅誠服地接受下列這則警言：

最好的政府是管得最少的政府。

〈不服從論〉

梭羅甚至於深信

完全不管事的政府才是最好的政府。

〈不服從論〉

梭羅對於一些虛僞造作的「聖賢哲人」的態度也和莊子一樣「義憤填膺」！

我們的生活規範，由於和聖賢交遊，而至於敗壞腐化。因為，即使是「先知或救世主」亦只能撫慰人類的恐懼，而却無法肯定人類的希望。

《華爾騰・經濟篇》

梭羅的和平抵抗和莊子的許多觀點亦極其相似。莊子曾經運用了寓言的手法揭示了戰爭的愚蠢和無知，讀者不妨再三咀嚼下列這則寓言，細細的體會其中的眞義。當魏公子（魏瑩）與齊威王（田侯）交惡時，怒而欲擧兵伐之；戴晉人聞而勸之：

戴晉人曰：「有所謂蝸者，君知之乎？」曰：「然。」「有國於蝸之左角者曰觸氏；有國於蝸之右角者曰蠻氏；時相與爭地而戰，伏屍數萬，逐北旬有五日而後反。」君曰：「噫其虛言與。」曰：「臣請為君實之；君以意在四方，上下有窮乎。」君曰：「無窮。」曰：「知遊心於無窮，而反在通達之國，若存若亡乎？」君曰：「然」。曰：「通達之中有魏，於魏中有梁，於梁中有王，王與蠻氏有辨乎？」君曰：「無辨。」客出而君惝然若有亡也。

《莊子・則陽第二十五》

研究梭羅的讀者很自然地會覺得這則寓言和梭羅的《華爾騰》第十三章〈禽獸爲鄰〉裏兩隻螞蟻大戰的情形極其相似。特別是其中引用了希臘神話的典故，對於讀者景慕的英雄作細致的調侃和批判，更是令人擊節稱贊！此外，尚有一段話可資援引，以與「戴晉人」之論述作一對照比較：

每當我佇立於樹林時，俯瞰地面，總是見到了蠕蠕爬行於松針裏的昆蟲，看到牠們形色匆匆，急欲避開我的視域，極想找到一個藏身之處。我不時捫心自問，何以牠們有如此謙卑的思想，想隱藏牠們自己，躲開我；而我也許可以助牠一臂之力，可以提供給牠的族類若干可喜的訊息呢！這時，我又想起人類更偉大的「施恩者」，「大智大慧者」，也是同樣高高地俯視着人類，看著我們這些宛若蟲豸的芸芸衆生啊！

《華爾騰・結束語》

令人贊歎的是，梭羅和莊子兩人皆極力想超越於擾攘紅塵之外，站在一個更高更貼切的角度，俯視「宛若蟲豸」的芸芸衆生。我們認爲兩位詩哲的思想和文體實際上是馳騁於同一條論述軌跡上。

梭羅和莊子其中最相似的一點是在他們的文體；莊子和許多的中國古典作家相同，是一位卓越超羣的散文大家；莊子的散文十分精彩，遠邁前修，獨步千古。林語堂曾經如此加上他的讚詞：

老子的哲理論述到了莊子手中皆編織成優美無匹的詩歌！

不僅是我們個人，既使是大多數研究梭羅的批評家皆必然首肯保謝孟 (Sherman Paul) 的斷語：

梭羅是一位身體力行的大詩人：他將想像力和藝術品作了最恰當地鎔鑄！

但是，兩位散文斲輪巨匠在文體的相似之處，比比皆是，不勝枚舉，在此篇論文裡，自然無法盡述其詳；僅能約略敍述寓言技巧之運用，以及他們對象徵手法的敍述的勾勒。梭羅深深覺得語言表達之不足，時時想要突破日常生活經驗之藩籬，進而希望在「毫無界限罣礙之處，暢所欲言」；並且極欲將寰宇萬象皆與「寓言」鎔鑄於一爐；莊子亦復如此，莊子曾經這樣子說出他的觀點：

荃者所以在魚，得魚而忘荃；蹄者所以在兎，得兎而忘蹄；言者所以在意，得意而忘言。吾安得夫忘言之人而與人之言哉。《莊子・外物篇第二十六》

梭羅和莊子相似之處，令我們深深覺得梭羅豈不正是莊子「驀然迴首，燈火闌珊處」所尋覓而欲「與之言」的詩人嗎?唯獨梭羅才是莊子可以心領神會與之爲友的人。

梭羅與莊子最後一個相似點，是有關於「珂洛城的藝術家」這一則寓言。根據保樹孟的研究，這則寓言顯然是梭羅自己杜撰的；其間獨創潤飾之跡極爲明顯：其中包括了梭羅特有之雙關語（"lapse" 和 "elapsed"）；以及他與衆不同自鑄的典故，如臨難時遭朋友背棄等指涉。但是，每逢我們細讀此段文字時，總覺得似曾相識 (*déjà vu*)。最令我們擊節贊歎的是，我們竟然在《莊子．達生第十九章》裏找到了答案。爲了揭示兩段論述在結構與文字的相似性，我們特將兩段寓言全文摘錄以作對照比較：

> 在珂洛城裏，有一位藝術家，終生追求完美，有一天他突然想做一根手杖。但是他也不時有「時不我予」的感慨，深知時間可能使他無法完成一部完美的藝術品；遽而，他又想到，凡是完美無匹的鉅構，時間已凝鑄成永恆；因此他自言自語，卽使我不再做世上的任何事情，我皆必得完成此部完美的作品。他立刻到森林中去找材料，他早已決心使用最不適雕琢的材料；就在尋尋覓覓精挑細選的日子裏，親朋好友相繼逝世，畢竟歲月不饒人！可是他絲毫未曾衰老。他的專心持志的堅毅和虔誠，無形中已賦予他永恆的青春。因爲他不和「時間」妥協，時間只有站在一旁浩嘆，無可奈何。

在他尚未尋得一個完全適用的材料時，珂洛城已是一片廢墟；而後他便坐在一個廢墟上剝那樹枝的皮。在他尚未塑造出一幅輪廓之前，堪達哈王朝早已灰飛煙滅了；他用樹枝的尖端，在沙上寫下那個民族的最後一人底名字，然後他又繼續埋首工作。當他磨光了樹枝，卡爾帕已不復是北極星了；他尚未來得及嵌上金環和寶石等飾物的杖頭，梵天已經醒而復眠無數次。何以我要提及這段話呢？最後完成的時候，它突然輝耀無匹，光照寰宇，成了梵天所創造的宇宙中，最美麗的一件作品。他在創造樹枝之際還創造了一個新制度，一個美妙而比例適度的新世界；其間，雖然年淹代遠城池渺逝，新的更光榮的城市和時代，却繼之興起。迴首驀見，足下的刨花依舊新鮮；對於他，對於他的工作，時間的流駛只是過眼的幻影，時間早已凝成永恆從未逝去；一如梵天腦海裏閃過的一個思想立卽點燃了芸芸衆生腦海裏的火絨一般。精純的材料，精純的藝術；結果怎麼會不神奇呢？

《華爾騰·第十八章結束語》

梓慶削木為鐻，鐻成見者驚猶鬼神。魯侯見而問焉，曰：「子何術以為焉？」對曰：「臣工人，何術之有？雖然，有一焉。臣將為鐻，未嘗敢以耗氣也，必齊以靜心，齊三日，而不敢懷慶賞爵祿；齊五日，不敢懷非譽巧拙；齊七日，輒然忘吾有四肢形體也。當是時也，無公朝。其巧專而外骨消，然後入山林，觀天性，形軀至矣，然後成，見鐻然後加手焉，不然則已。則以天合天，器之所以疑神者其是與。

《莊子・達生第十九》

持志專一，再加上毅力與恆心，精誠所至，金石爲開，所有目標皆可達成，抱持此種精神，所創造的藝術亦必然是完美絕倫，這不但是梭羅亦是莊子思想中一貫出現的主題。

雖然我們所挖掘的證據讓我們深信梭羅無論如何，必定已經熟悉道家的思想；但是爲學之道在於大膽的假設，小心的求證；而在所有客觀求證尚未完全獲得之前，求知所必備的懷疑精神仍然使我們不願遽下武斷的結論。深盼此論文能拋磚引玉，提供那些對於梭羅和道家思想有興趣的學者，啓迪一絲靈感；俾能作更進一層的探討；也許有一天我們可以覓得更多更有力的證據，揭示道家思想確爲梭羅思想的一道泉源。由於結論仍屬闕疑，我們只能說：一如七位梵天的轉世投胎人間世("The Transmigration of the Seven Brahmans")，幾世紀之前的莊子蘧蘧然轉化成今日之梭羅，於今世中揭示了往昔燦爛的思想！

【附錄】跨文化思想研究

——梭羅與莊子比較初探

一位中國學者閱讀梭羅(Henry David Thoreau)作品時，必定會不期然的想起莊子；而一位西方學者唸到莊子的著作時，可能也會聯想到梭羅來。的確，林語堂先生早在他的名著《老子的智慧》(*The Wisdom of Laotse*)中說過這麼一句話：「莊子在他極力崇尚個人主義的堅強信念、冷靜和不屈服的特殊個性中和梭羅酷似。」❶但是，僅止於把一位作家直覺印象式的聯想到另外一位作家，或僅憑相似的個人主義觀點，即率爾操觚，遽下結論，恐遭敷衍輕率之譏。本文試圖釐清一般人研讀梭羅與莊子著作時所浮現的模糊曖昧印象，並

---

❶ *The Wisdom of Laotse, ed.* Lin Yutang (New York: The Modern Library, 1948), pp. 7-8.

且扼要提出作品裏的各種證據闡釋辨析，庶幾可以略窺兩位時空相距遙遠的作家類似與歧異的人生觀。

莊子和老子對於「道」的定義，一如婆羅門教所揭櫫的「否，否」，基本上是否定任何界說定義的企圖。但是，若「道」可以代表某種意義，「道」應該表示「宇宙間五元素金、木、水、火、土的運行過程」。明乎此，我們或可清楚瞭解以下之語：

夫子若欲使天下無失其牧乎，則天地固有常矣，日月固有明矣，星辰固有列矣，禽獸固有羣矣，樹木固有立矣，夫子亦放德而行，循道而趨已至矣。

《莊子・天道第十二》

此論述正乃揭示宇宙自然之「道」。此外莊子面對死亡時所發抒的觀點，亦代表了他對於「死亡」的超越觀點。莊子視「死亡」爲宇宙萬象裏森然有序的必然現象；「鼓盆而歌」裏的莊子明白的顯示他通達「生死」的道理：

莊子妻死，惠子弔之，莊子則方箕踞鼓盆而歌。惠子曰：「與人居，長子，老，身死，不哭亦足矣，又鼓盆而歌，不亦甚乎？」莊子曰：「不然。是其始死也，我獨何能無概然？察其始而本無生；非徒無生也，而本無形；非徒無形也，而本無氣。雜乎芒芴之間，變而有氣，氣變而有形，形變而有生，今又變而之死，是相與為春秋冬夏四時行也。人且偃然寢於巨室，而我噭噭然隨而哭之，自以為不通乎命，故止也。」

《莊子・至樂第十六》

莊子明白死亡乃是人生必經的過程，就好像自然萬物一定得歷經寒冬的凋枯而後方能在春天綻放出繽紛的花卉，我們實在不必爲死亡而悲戚；相反的，人類應該把感情提昇，而能達到忘情或超越的境界。的確，莊子對於「生死」的達觀，實非常情所能想像；他集幽默、智慧、哲理於一爐，形成那一股恒古的豪邁；莊子臨死時，其弟子欲厚葬之，莊子說：

「吾以天地為棺槨，以日月為連璧，星辰為珠璣，萬物為齎送，吾葬具豈不備邪？何以如此？」弟子曰：「吾恐烏鳶之食夫子也。」莊子曰：「在上為烏鳶食，在下為螻蟻食，奪彼於此，何其偏也！」

《莊子・列禦寇第卅二》

宇宙自然死生循環嬗遞，「死亡」不是生命的結束而是另一個新生的開始；職是，我們非但不必排斥「死亡」的來臨；相反的，更應以歡愉之情擁抱「死亡」，惟其「死亡」方能獲得新生。

梭羅死亡——再生的宇宙觀，事實上，亦是承襲宇宙萬象生生不息嬗遞循環過程的觀念而生。在《梭羅日記》開端的部份，梭羅即明白的闡釋這個觀念：

> 自然萬象的每一個枝節皆指引著我們：生命的逝去乃是另一新生之開始。橡樹枯萎凋零，返歸塵土，留下一粒豐實的處女種籽，預示着未來一片新生森林茁壯的生命❷。

大自然裏的萬事萬物皆必須歷經誕生、成長、和死亡的過程；這個過程只不過是宇宙自然永恒輪替不息的一環。生物所歷經之誕生、成長、和枯萎的循環秩序與植物所面臨的過程相同。因此，梭羅才會說：

---

❷ Henry David Thoreau, *Journal* (New York: Houghton Mifflin, 1906), I, p. 3.

假若我們能先瞭解植物開花落葉的秩序，我們自然也可以更清楚動物死亡的現象。❸

自然本身其實是不摻雜着任何人性道德的意義：

大自然的廓然無私正反映了人類偏頗而狹隘的缺陷。❹

明白了大自然的漠然無知，梭羅似乎更能體悟生死乃自然宇宙必經的過程；惟其如此，梭羅果眞與莊子一般滿懷欣喜的接受死亡。

曾經有一回，梭羅述及他在返歸湖濱小屋途中，一個洞穴裏死馬所散溢出的屍臭，逼使他繞道而行；但是，這一次難忘的經驗卻令他「想起大自然堅實而難以蠹蝕的體質。」梭羅接着說：

我最喜歡看大自然充滿著生存競爭，承受得住無數生命因為相互殘殺而犧牲受苦；組

❸ Ibid., p.324.

❹ Ibid., p.265.

纖纖弱的，就像軟漿一樣地給澄清，給搾掉了——蒼鷺一口就吞下了蝌蚪，烏龜和蝦螟在路上讓車輛輾死；時而，血肉就像雨點一樣地落下來！[5]

「在一位大智大慧的賢哲心中」，梭羅接著說：「萬物自然是廓然大公無分賢與不肖的。」

莊子能以寧靜坦然之心接受他妻子的去逝，實乃源自他個人對於自然之「道」的徹悟；梭羅的死亡觀則肇始於他對大自然「廓然大公無分賢與不肖」的瞭解而生。這種體悟讓梭羅對於人生又有了新的體認：死亡為大自然萬古不移的循環過程。在他哥哥病逝後不久，梭羅親嘗生離死別的悲慟，曾經寫了一封信給愛默生：

大自然是不輕易受影響的——既使是最狂烈的暴風——狂風暴雨僅能摧殘森林角落裏的一些枝葉而已；死亡不過是某人或某科植物微不足道的現象，大自然是不會明白的，她可以新面貌重新降臨人間，絲毫無傷。但是，若把死亡視為法則而非意外，則死亡卽是美——死亡與誕生一樣平凡無奇。大地上每一株嫩芽，樹林中每一片葉

---

[5] *The Variorum Walden*, ed. Walter Harding (New York: Washington Square Press, Inc., 1966), p. 240.

子——在某些季節枯萎凋零或者是在某些當令怒放重生，皆同樣美麗！因為短暫的凋謝只不過是大自然一年中養生休息的時刻……

每當我們俯視大地的片刻，我們難道會因為花謝葉枯而悲傷嗎？大地的法則難道不是要死亡才會再生嗎？大地難道不會因為年復一年的枯萎而後復甦而喜悅嗎？大地萬物豈有不歡喜花開花枯而復再生？

明乎此，人類與植物的關係亦復相似；我們悲悼某一植物的凋萎枯謝，乃是源於人性偏狹自私之心作祟。我們的悲歎理應變成對一逝去靈魂的謳歌；好比徐風拂拭大地所溢出的氣息，大地絕不會認為這種氣息是對某一特殊的自然類科所發出的悲音！

或許有人仍會為着悲悼一片葉的凋零而發抒哀情；但是最真摯最明智的靈魂，遍聞秋風吹送的芬芳，歡欣的祝賀大自然的豐實健壯。❻

梭羅一貫的信念是，人類應和大自然一般純潔無知，能夠超越「道德的需要」，「只要遍聞周遭的芳香。」❼梭羅曾經寫過一封信給露茜・布朗夫人（Mrs. Lucy Brown），說他能

---

❻ *The Correspondence of Henry David Thoreau*, ed. Bode and Harding (New York:New York University Press, 1958), pp. 64-65.

❼ Thoreau, *Journal*, I, p.265.

以「自然法眼觀察自然，一如大地上湛藍若雙眼的原野，以瞭悟之眼神仰望蒼穹的藍天一樣。」❽

梭羅終其一生，渴慕而欲親身體驗自然生活，正如道家所追求的人生觀相似——一種與大自然和諧相處的生活態度。道家追求的人生最高境界是「天地與我並生，而萬物與我爲一」；「上與造物者遊，而下與外死生無終始者爲友。」《莊子・天下篇》只要人類能和萬物融合爲一，我們自然能明白

> 四肢百體將為塵垢，而死生終始將為晝夜，而莫之能滑，而況喪禍福之所介乎？《莊子・田子方》

宇宙間的情物，無論我們如何隱藏，終有失去的可能。但若我們把全體宇宙視之爲藏於更大的宇宙之中，則更無地可以失去。因此我們的個體若能和宇宙合一，「得其所一而同焉」，則宇宙無終始；宇宙永久，吾亦永久矣。職是，莊子所揭櫫的人與大自然合而爲一，正是透過「塵垢」，超越禍福得失之境界，所衍生出來的一種自我的泯滅。同樣的，梭羅欣喜而歡

❽ *The Correspondence of Henry David Thoreau*, p.45.

悅地與大自然冥合，亦正是促使梭羅自我提昇於「道德需要」之上——一種超越經驗的過程。

莊子的學說旨在掙脫俗世的枷鎖，這種掙扎奮鬪的心路歷程，不論是對莊子或梭羅皆有類似的感受。掙脫紅塵的枷鎖暗示人類從俗世到精神境界的超越和昇華。莊子和梭羅彷彿兩位穿戴特製戎裝的哲人，一方面必須廻護著瑣碎庸俗的人間生活，一方面又要勇敢的截斷與芸芸衆生的任何轇轕和關聯。存在主義大師沙特 (Jean-Paul Sartre, 1905-1930)❾。明白揭示自由人必須「逃避他個人的本性」，因爲對一個自由人來說「世間不存有理想」。明乎此理，讀者必定可以從梭羅和莊子的作品裏體悟出一種特立獨行，高懸在上的超物之情；同時也能夠感受到一種對人間世所珍視寶貴之物的鄙棄，對於販夫走卒汲汲追求的爵祿視爲敝屣。在莊子所表現的是「不爲軒冕肆志，不爲窮約趨俗」的高潔品格；而梭羅則是寧爲「採擷越橘隊的隊長」而不願在政府裡擔任職務。

但是，莊子和梭羅的出世觀，仍然有著明顯的不同。兩位哲人一向對於世間的功名利祿，以及俗人冒死求榮的鶩逐，極盡諷刺；他們寧可過著和大自然及其內蘊的神秘精神和諧

---

❾ Jean-Paul Sartre, *Being and Nothingness*, tr. Hazel E. Barnes (New York: Philosophical Library, 1956), p. 581.

相處，冀求能超越人間世微瑣細碎的價值觀。然而，就梭羅而言，其內心深處仍然有一股內在的活水源頭——一道傳統的呼聲——也許就是新英格蘭清教徒主義的呼聲。這道激越嘹亮的呼喚勸服了梭羅捨棄俗世的名韁利鎖，轉而邁向道德良知的康莊大道。無疑的，這個動機也使得梭羅捲入了當時許多爭議不休的論戰——事實上，超越主義大師愛默生亦面臨同樣的論戰，只是反應沒有梭羅激烈而已。這些論戰包括了美墨戰爭和蓄奴制度等當時頗受批評的問題。就此一端而言，梭羅認為個人自由——掙脫世俗瑣碎事物的羈絆，全心全意地生活在自然裏，遠比追尋其他事物來得珍貴；但是從更寬廣的角度論之，梭羅持續不斷的受其更高良知的鼓舞，勇敢地介入俗世人間，與邪惡對抗，高擎著道德良知的大纛。這種入世的道德情操使得梭羅更接近儒家「兼善天下」的襟懷[10]。在他不朽的名作〈不服從論〉(*Civil Disobedience*) 裏，梭羅不斷的鼓舞羣倫，寧願為了正義的原則，身繫牢獄，以抗議聯邦政府的邪惡不公。而在他為約翰布朗上尉 (Captain John Brown) 辯護的語調昂揚的講稿中[11]，梭羅更是義憤填膺，宣示他可以隨時捨棄他最珍惜的自然生活，以便為他所服膺的更

---

[10] 請參閱〈《華爾騰》與儒家思想〉〈梭羅與「四書」英譯之探究〉。

[11] 梭羅所撰寫紀念布朗上尉的文章有三篇：
"A Plea for Captain John Brown," "Martyrdom of John Brown" (又名 "After the Death of John Brown") 和 "The Last Days of John Brown".

高道德情操效勞。

梭羅的這種入世而兼善天下的精神不但與儒家思想極爲相似，而且也和道家思想所揭櫫的「不爭」的原則大相逕庭。儒家所倡導的美德是「天道」——而這種美德卻正是老莊所極力反對的：

人多技巧，奇物滋起；法令滋章，盜賊多有。

老子《道德經第五十七章》

道家視「道德正義」爲陰謀詭詐，只能用來瞞騙無知的人。道家一貫的信念是徹底的遠離擾攘的人間世界，以臻「無爲」的化境。莊子說：

吾以無為誠樂矣，又俗之所大苦也。故曰至樂無樂，至譽無譽，天下是非，果未可定也，雖然，無為可以定是非，至樂活身，惟無為幾存。

《莊子・至樂第十八》

而老子的意見是：

為無為則無不治。

老子《道德經第三章》

是以聖人處無為之事，行不言之教。

老子《道德經第三章》

我無為而民自化，我好靜而民自正，我無事而民自富，我無欲而民自樸。

老子《道德經五十七章》

為學日益，為道日損。損之又損，以至於無為；無為而無不為矣。

老子《道德經四十八章》

梭羅與莊子一生中與自然宇宙契合爲一體的追尋，乃是一種自我或小我的昇華和泯滅。本文所作的論述或可讓大家明白兩位東西哲人相同和歧異處。莊子的出世之情遠比梭羅來得徹底；莊子的出世不但要遠離塵世的傳統價值觀，而且更欲擺脫芸芸衆生所羈縻的人性本身——惟有自我徹頭徹尾的泯滅，自我方能自擾攘的人間世解脫出來。相反的，梭羅的逃離人間世僅只是一種返歸更具靈性的、精神的以及道德良知的自我的手段——因此，和莊子對比之下，只是一種自我的超越而非自我的泯滅——唯其如此，自我始能更和睦的與大自然或更高貴的道德精神冥合爲一。無疑的，兩位哲人欲臻此境界所揭櫫和運用的方法不盡相同——莊子用的是「無爲」的原則；而梭羅卻倡導著一種更積極主動的參與和行動。

輯二

華騰湖濱一哲人

——亨利•大衛•梭羅

一

梭羅約比愛默生年輕十四歲，一八一七年七月十二日生，是康柯德學派——愛默生、梭羅、霍桑、艾爾柯特，和其他作家——裏唯一的本地人。他的家世並不顯赫，與同時代英格蘭作家大相逕庭。父親是鉛筆製造商，系出法國祖先；母親則是英國和蘇格蘭的後裔❶。在家庭極力支持下，梭羅在康柯德中學和哈佛大學受教育。一八三七年，愛默生的「美國學

---

❶ Raymond Adams, "A Thoreau Family Tree" (*Thoreau Society Bulletin* 17); Jean Munro Lebrun, "HT's Mother" (*Boston Advertiser*, February 14, 1883; 再版多次)。

者」講辭發表的那一年，梭羅也順利的自哈佛畢業。

甫出校門，梭羅在家鄉的公立學校任教。由於校董會堅持施行體罰，兩週以後他提出了辭呈，此後就未再找到合適的教職。此時全美正面臨嚴重的經濟蕭條，人浮於事，梭羅只有在康柯德設立一所私塾，聲稱乃屬試驗性質，實施的是二十世紀人所周知的「啓發式教育」制度，學校辦得相當成功，不久即擠滿學生，甚而多人向隅❷。然而在一八四一年，幫助他教學的哥哥約翰病倒了，學校終於停辦，梭羅不願獨力辦校。

一八三五年愛默生在康柯德買下一幢房子，不久以後即認識梭羅。愛默生很快的就喜歡他的這位年輕的鄰居，並且推薦他到哈佛大學研究，而在一八三七年梭羅畢業回到康柯德之後，兩人經常相互討論問題。一八四一年愛默生邀請梭羅同住，交換條件是梭羅做些屋裏和花園的零工，希望透過密切的交往，可以幫助這位年輕朋友邁進寫作生涯。一八三七年，應愛默生的建議，梭羅開始寫日記，而在一八四〇年代初期，他開始自其日記節錄文章和詩試

❷ 關於梭羅的教學理想和經驗，參閱 Anton Huffert, "Thoreau as a Teacher, Lecturer, and Educational Thinker" (New York Univ., Ph. D., 1951) 和 Kevin Ryan, "*HDT*: Critic, Theorist, and Practitioner of Education" (*School Rev*, 77, 1969, pp. 54-63).

投超越論雜誌《日晷季刊》和其他期刊❸。

愛默生相信梭羅絕非庸碌之輩，於是在一八四三年安排梭羅搬到斯達騰島，靠近幾家主要的出版社和編輯辦公處。愛默生的哥哥威廉是當地的執業律師，而梭羅此去止是擔任他兒子的家庭教師。但是這次嘗試竟成徒勞，梭羅想家厲害，不到六個月又回到了故里康柯德，除了幾次短程的遠足，卽在那裏度其餘生。

一八四四年秋天，愛默生在華騰湖濱買下一塊林地，使其免受樵夫之摧殘。華騰湖是一個小冰河湖，距康柯德他家兩哩路。幾年來梭羅一直想找個地方隱居，全心全意從事寫作。一八四五年春天，他和愛默生協調妥當以後，就到華騰湖濱的林地，胼手胝足，建了一間小木屋。梭羅在湖濱的日子所費極微，木屋只花二十八塊一毛二分半；每一個星期平均的食物開銷只要二毛七分。一年工作六個星期卽可支付所需，使他能專心致力於寫作而不用爲稻粱謀。在湖濱度過的兩年兩個月又兩天中，他不僅寫出第一部書——《康柯德河與梅瑞麥可河上一週遊》(*A Week on the Concord and Merrimack Rivers*)，外加多篇文章，更完

❸ 愛默生和梭羅的關係，專論包括 Paul Hourihan, "The Inner Dynamics of the Emerson-Thoreau Relationship" (Boston Univ., Ph. D., 1967); 和 Joel Porte, *Emerson and Thoreau* (Middletown, 1966).

成了他的曠世傑作《華爾騰，或林中生活》(*Walden, or Life in the Woods*) 的大部份。愛默生啓程前往英國作演講旅行，請他代爲照顧家庭及一切瑣事，梭羅不得不離開華騰湖濱，時間是一八四七年九月。隔年愛默生自英國返國，梭羅返回故鄉侍奉父母，一直到他去世爲止。

康柯德鎭多少年來一直是反奴隸運動的中心，梭羅即在此種反對奴隸制度者的環境薰陶下長大。此一堅定不移的信念在一八四〇年代中葉，更成爲他拒絕向政府納稅的主因，梭羅認爲美國是一個不但寬恕而且贊助奴隸制度的政府。一八四六年七月，當他仍住華騰湖濱時，因拒絕納稅被捕入獄❹。有人——批評家認爲是他一直獨身的姑媽瑪琍亞·梭羅，聽到她的甥兒被捉進牢裏，大喫一驚——連夜代他繳稅，第二天早晨梭羅就被釋放了。因爲他苦無機會把奴隸制度是否符合憲法精神訴諸公堂裁決，梭羅轉向講壇，一八四八年他公開宣讀了一篇文章名爲〈個人與國家的關係〉(The Relation of the Individual to the State)

❹ 梭羅被捕入獄的相關論文，參閱 S. A. Jones, "Thoreau's Incarceration" (*Thoreau Society Booklet* IV); John Broderick, "Thoreau, Alcott, and the Poll Tox" (*SP*, 53, 1956, pp. 612-26), 和 Walter Harding, "Thoreau in Jail" (*AH*, 26), 1975, pp. 36-37.

在鎮民面前解釋自己的立場。這篇文章曾在一八四九年一份發行期極短即夭折的超越論期刊《美學論叢》(*Aesthetic Papers*) 發表，題目則改成〈抵抗政府〉(Resistance to Civil Government) 即是後來衆所周知筆力萬鈞的〈消極抵抗的義務〉(On the Duty of Civil Disobedience) 或更簡單的說就是〈不服從論〉(Civil Disobedience)。

一八四九年梭羅出版第一部書，《康柯德河與梅瑞麥可河上一週遊》，由於此書有二年之久找不到出版商，在愛默生的鼓勵下，終於自費出版。《一週》表面上是一九三九年梭羅和其兄約翰泛舟遠遊的記實。但是在記實中摻雜有數篇是從《日晷季刊》登出的稿子和他日記裏摘錄的內容。書的出版徹底失敗：在印出的一千本裏，有七十五本贈送，僅只賣出二百本。四年後出版商將剩餘的書歸還作者❺。當天晚上梭羅在日記上這樣寫著：「我現在的圖書館有近九百本藏書，其中有七百本是我自己寫的。」

《華爾騰》是梭羅的第二部書，在一八四九年也已準備問世，並在《一週》的書裏登了

❺ James P. Wood, "Mr. Thoreau Writes a Book" *New Colophon*, (1, 1948), pp. 367-76; Ramond Adams, "The Bibliographical History of Thoreau's *A Week on the Concord and Merrimack Rivers*," (*PBSA*, 43, 1949), pp.1-9; 關於《一週遊》一八四九年與一八六二年二版的銷售量，參閱 Albert Lownes, "Some Statistics About Thoreau's *Week*" (*TSB* 66).

「即將出版」的廣告。但是第一部書銷售奇差早已嚇跑了不少想出版的商人，五年以後，即一八五四年，《華爾騰》方才問世。然而在這幾年裏梭羅不斷改寫，修訂，和潤飾，使得原稿至少有八種不同而完整的版本，因此最後發行的內容幾乎已和初稿截然不同，早早超越最原始的模樣了。

《華爾騰，或林中生活》，雖然爲了藝術的要求，梭羅把二年凝縮成一年，事實上仍是以他離羣索居於華騰湖濱二年之經驗的記實爲基礎。全書是爲那些特別愛探聽他的生活方式的市民們的一個回答。和《一週》比較，這本書的銷售量令人感奮，書也頗得好評，在五年內此版發行的二千本幾乎全部售罄。

離開湖濱以後，梭羅仍然過著相同的生活方式：早晨用來寫作，下午則在康柯德的鄉間漫步。研究所有的植物和動物，夜裏則與好友晤談。一如在湖濱，一年裏大約有六週的時間出外謀生；由於測量工作是在室外進行，梭羅認爲是一項饒富樂趣的行業，而這也是他收入的主要來源；偶而他也幫助父親製造鉛筆，事實上，他自己靠寫作和演講的收入極其微薄。他對於雙手萬能的信念拳拳服膺，不管是刈草地或鏟肥料，只要是需要或一有機會，他絕對身體力行。他曾寫信給好友葛瑞理（Horace Greeley）說：「學者沒有理由因自詡較羣衆聰明才智高人一等，就不用到溝壑野外勞動，或因超人的智慧就可以不用自給自足。」

偶而梭羅也會改變生活型態，和幾位好友如詩人謙寧（Ellery Channing），或烏斯特的朋友布萊克（Harrison G. O. Blake）作近程的遠足，穿林涉湖，馳騁鄉間。他曾三次旅行到緬因州北部的森林，四次遠適科德角（Cape Cod），有好幾回他到新罕布夏的懷特山，有一回甚而遠到加拿大的魁北克。這些遠足雖然有部份是度假性質，但他主要卻是用來蒐集寫作的材料，每一次的遠足他均寫成極其流麗精妙的演講稿，而後付梓出版。

一八五〇年代，梭羅對反奴隸制度運動，興致復燃，有幾回他曾協助路過投奔自由的黑奴逃往加拿大。「奴隸逃亡法案」（Fugitive Slave Act）的實施，使辛孟士和彭斯（Simms and Anthony Burns）遭遣返，讓梭羅極爲駭異。一八五四年在一廢除奴隸的集會上，梭羅發表一篇石破天驚的〈麻州的奴隸制度〉（Slavery in Massachusetts）的講詞，公開譴責政府任意逮捕公民之不當。在康柯德進行的募款運動上，梭羅遇到了約翰・布朗上尉（Capitan John Brown），開始對約翰・布朗在堪薩斯的行爲，頗感興趣。當一八五九年秋天，布朗攻擊哈潑斯渡口兵工廠的事件發生時，梭羅是第一個挺身而出爲布朗的行爲辯護。

梭羅一生皆爲肺癆所累，初期發作一度迫使他輟學，以後又有幾次病倒達數月之久。一八六〇年到六一年冬天，他患了感冒，使肺部更見衰弱，身體的情況急劇惡化，羣醫束手無策。醫生建議他換到氣候暖和的地方，於是在一八六一年五月，他和名教育家之子哈瑞斯・

曼恩，啓程到明尼蘇達。但是此番旅行對他的病情，未見其效，七月梭羅回到康柯德，明白自己不久於人世。

一八六一年到六二年冬天，他全心全意修改和潤飾尚未發表的講稿和文章，並要他妹妹索菲雅筆錄，因爲他已病入膏肓，無法執筆。當他信奉喀爾文教派的姑媽露依莎問他是否已和上帝和好，他回答道：「我從未和祂吵過架呢！」梭羅在一八六二年五月六日辭世，享年四十四歲。

二

梭羅生前默默無聞，他同時代的文友不太理睬他，即使偶而和他交往，也只認爲他不過是一位「小愛默生」。對他的鄰居而言他是另一個「怪誕不易相處的人物」(rebarbative neighbor)——城裏這類的人實在已不可勝數；好多朋友皆認爲他終生一事無成，即使愛默生對他也頗有微辭，特別是當他應該正經的幹測量工作時，他卻跑去野外當起「採橘隊的領隊。」

在他剛去世的時候，他的作品曾引起一陣狂熱。《華爾騰》和《一週遊》曾再版多次，連續四年裏有五部新書，包括《遊踪掠影》(*Excursions*)，《緬因森林記遊》(*The Maine*

Woods），《科德角記遊》（*Cape Cod*），《書翰集》（*Letters to Various Persons*），稿中摘錄出來，和《加拿大的美國佬》（*A Yankee In Canada*），這些書全是雜誌的文章和尚未發行的原稿而由他的妹妹索菲雅以及朋友愛默生和謙寧編纂而成。但是聲譽鵲起的梭羅卻因一八六五年羅威爾（James Russell Lowell）嚴厲的批判而斲喪了他文學史上應有的地位。由於羅威爾批評家的聲望，他冗長的評論對梭羅影響極鉅；他抨擊梭羅缺少幽默，缺乏健康的心靈，和客觀洞識和觀察的能力。一八八〇年，史蒂文遜（Robert Louis Stevenson）在英國《玉米山雜誌》裏發表一篇評論，譴責梭羅乃「行爲卑鄙作風鬼祟的人」，對梭羅的聲譽再次打擊。

然而，梭羅文學上的名望畢竟無法抹煞。在一八八〇年代，他烏斯特的朋友布萊克，自梭羅的日記裏選錄了有關自然的文章，編纂成書，書名爲《麻州的初春，盛夏，深秋，和寒冬》。梭羅作爲自然寫實的作家，逐漸開始引起許多讀者的興趣。一九〇六年，二十卷的《梭羅全集》出版了，其中還包括了他全部的日記十四卷。這個版本使得批評家首次明白梭羅興趣的廣博，思想的精微湛澈，以及文采的卓犖簡潔。

和梅爾維爾及惠特曼一樣，梭羅的作品先在英國獲得批評家的青睞。一八九〇年，亨利・叟特（Henry S. Salt），即梅爾維爾的「發掘者」之一，寫了第一部批評梭羅的傳記❻。在本世紀初英國工黨剛剛組織成形時，工黨不僅到處散發梭羅全部作品的普及版，而且還把工黨地方支部命名爲「華騰湖社」（Walden Clubs）。

但是梭羅在自己的祖國卻要到一九三〇年代經濟大不景氣時，才受到廣泛的注意。千萬人由於經濟的需要，必須過著梭羅所提倡的「簡樸生活」，閱讀他的作品，特別是《華爾騰》，乃風行一時。「阮囊羞澀者仍舊可以讀他的作品，而不覺羞辱！」是當時最典型的評論。有許多人曾預言經濟復甦以後，梭羅的作品必不再流行。有趣的是，他的作品從此再版多次，讀者也愈來愈多。歲移時轉，梭羅愈益顯現出他才是時代的預言家。而《華爾騰》版本之多，不可勝數。每一年皆有進一層探討梭羅作品的研究、剖析、和闡釋的評論問世。小說家德萊塞（Theodore Dreiser）在他生前曾編纂了一部《梭羅雋言集》，爲時人寫下了如此的序言——「我最近數年唸到哲學和科學的作品，從狄莫克里脫士（Democritus）到愛因斯坦（Einstein）的作品無不涉獵，然而梭羅筆下的一鱗半爪，吉光片羽，卻是最富啓迪發人深省的觀念。此非因其實際的結果，或科學的利益而出……而是在於他的作品呈現科學

❻叟特撰寫梭羅的第一部傳記是 *The Life of Henry David Thoreau* (London, 1890)；此書並有縮節本，*Life of Henry David Thoreau* (London, 1896)。有關叟特本人的專論，參閱 George Hendrick, *Henry Salt* (Urbana, 1977).

成果或宇宙觀背後所隱涵的意義。」

三

梭羅至今仍然令人興趣盎然膾炙人口的理由是什麼呢？這個問題不易回答。梭羅的特色，正是在他的作品包涵有多層面的迷人處。以下我們將列舉自認受梭羅影響的當代名人，或可見其多面性於一。這個名單包括了世界各個不同階層的人物：默哈瑪・甘地，他是印度政治、社會、和宗教領袖；辛克萊・劉易士，美國小說家；法蘭克・萊特，美國建築家；查理・艾伍茲，美國石印家；厄尼斯・海明威，美國小說家；羅勃・佛洛斯特，美國詩人；阿普頓・辛克萊，美國小說家和社會主義者；維拉・凱瑟，美國女小說家；亨利・米勒，美國小說家；C・P・史諾，英國小說家和科學家；甚至於包括金・塔尼，三〇年代的美籍世界重量級拳王，等等，不一而足。

梭羅廣為人知的一面是他之為卓越的自然作家。在《華爾騰》和一些短篇的文章如〈散步記趣〉（Walking）和〈趣談野蘋菓〉（Wild Apples）裏❼，梭羅描寫自然的散文

❼有學者曾利用艾理克孫的心理分析研究（Eriksonian Study）梭羅的自然作品。Leonard Neufeldt, "The Wild Apple Tree: Possibilities of the Self in Thoreau" (Univ. of Illinois, Ph. D., 1966), 和 Jonathan Fairbanks, "Thoreau: Speaker for Wildness" (SAQ, 70, 1971), pp. 487-506.

體，臻於極境，最受歡迎。他洗鍊精簡的文筆使散文體能獨樹一幟，有別於柯烈弗考的「書簡體」、奧德朋的「插敍體」、巴特然的「遊記體」，或其他早期作家的「日記體」。梭羅將蘭姆和歐文「隨筆式」的文體和早期自然作家貧瘠單調缺乏想像力的「報告式」的文體揉合融滙，建立了一種淳樸而動人的文學類型，後起的自然作家，師法梭羅，但很少能超越他既有的成就。

梭羅對於語言的掌握，起伏張歛間搖曳多姿，他描寫自然的作品清新生動。時空縱橫交叠，感情輻輳穿揷，情緣景興，景隨情轉。讀者幻想自己泛舟於華騰湖上，和潛水鳥玩三度空間光影交錯的遊戲；或坐在木屋前的石階上沉思冥想，目覩黑螞蟻和紅螞蟻血肉淋漓的惡鬪。羅斯福總統曾經痛詆一派假冒的「自然」作家，童騃性的賦予動物人性；梭羅與此派自然作家截然不同。相反的，他生動地給予筆下的動物鳴禽個性與殊相。和許多自然作家不同的是，梭羅的重點在於自然萬象裏人類的地位，而不是單指自然本身。他研究自然因爲他想深入地了解人類周遭的環境，因爲他堅信人類與希臘神話裏的安提阿斯（Antaeus）相同，必須從大地之中汲取力量。梭羅每天至少有四、五小時漫步於康柯德的森林與原野裏，否則這一天就算虛度了。

梭羅之強調個人主義同樣引入矚目，特別是在這個要求劃一整齊和追求名望地位的時代。我們對那些有勇氣打破傳統，提倡各遂其命的先知作家頓覺敬佩！梭羅是特立獨行的典範人物。他曾短時間試驗一種規律一致的生活——教書，並向自己和鄰居證明這種生活的可行。梭羅打破傳統，過着他自認爲最佳的生活方式。梭羅遷進華騰湖濱讓他的許多朋友大喫一驚！他們無法想像一位大學畢業生竟然會放棄教書生涯，搬到林中木屋獨居。但是梭羅仍然獨行其是，依他自己的話，林中生活的成功絕非凡俗時刻可得，這當然不是一種物質上的成功，而是一種他自己歡喜的生活方式。他不僅在「空中建造樓閣」，且在「它的下面紮下根基。」

職是觀之，梭羅頗似愛默生，不願意爲他人塑造一種獨特的生活方式：「無論如何，我不願意任何人過『我的』生活方式」，梭羅在《華爾騰》告訴我們——

> 原因是，可能在他才學到了這種生活方式，我又找到了另外一種。我期待這是一個姹紫嫣紅，百類俱陳的世界；盼望人人都能審慎地找到並遵循他「自己」的生活方向，而不是他父母，或鄰居所指引的道路。

梭羅的眞正信徒不在刻意模仿梭羅林中木屋的生活，而是依循他的生活原則來實現個人的夢想。

由於過份強調個人的信念，梭羅的人生哲學令某些人認爲有點過度的自我中心。但是我們不要忘記梭羅相信新英格蘭的超越主義，恐怕還是新英格蘭學者中沉潛濡染最深的一位❽。梭羅堅信他並非依循他自己，而是依循內蘊於心的上帝意志。他和愛默生相似，勇氣十足的確認依循自己的良心要比依循鄰居的意見更困難，但是心靈所得之慰藉卻是更值得珍惜。「若有人以爲這條法則易知易行，」愛默生說——而梭羅也絕對會贊成——「那麼就讓他試試看吧——一天就好！」

梭羅對個人主義和自立自足信念的貢獻在於他揭示了一種解決經濟難題的實際辦法——簡樸的生活；經濟拮据會迫使人的夢想幻滅。「簡樸！簡樸！簡樸！」他呼籲。「我說，最好你的事只有兩三件，而不是一百件或一千件；不要百萬百萬的計算，半打不夠嗎？賬目可以記在大拇指上就好了。」縮減你的需要，你將會有更大的自由更充裕的時間，隨心所欲，

---

❽ "Henry Thoreau: Society and Solitude" (*ESQ*, 19, 1973, pp. 131-40); 和 Richard Lebeaux, *Young Man Thoreau* (Amberst, 1977)., Gerald Galgan, "The Self and Society in the Thought of Henry David Thoreau" (Fordham Univ., Ph. D. 1971).

「因爲人是富有的，若和那麼多他自己可賺得的事物相比的話。」

有時梭羅被人攻擊是位原始主義的擁護者，盧騷式的欲返歸野蠻狀態。的確，梭羅對於現代文明頗有微辭，但是他只批評「進步」的不均衡的特性而不是反對進步本身⑨。我們刻意強調「改良方式而不是改良目的。」人類發明鐵路以節省時間，而後又把省下來的時間浪費了；在大西洋鋪設電纜，卻用來傳送瑣碎的消息，諸如阿狄萊德公主患了百日咳；他並非批評人所發明的事物，而在批評人類使用不當。人極力推展物質生活的器具，但他卻認爲精神的生命更需要孳育。

有些批評家以爲梭羅是位恨世者。梭羅若仍在世，耳聞旁人這樣指指點點，一定感到萬分駭異！因爲他基本上是一位樂觀主義者，對於人類滿懷信心，對於未來寄予最高的期望。梭羅相信「他生長在世界上最值得尊敬的地方，亦是在最恰當的時刻。」的確，梭羅對人類甚而對自己的一些行爲時感失望，但是他深信只要人類能苟日新，日日新，今天一定能比昨天更進步，就像今人比原始人進步一樣。我們回顧梭羅每一部主要作品如《華爾騰》，《康

⑨ 梭羅與盧騷的類似處，參閱 M. J. Temmer, "Rousseau and Thoreau" (*YFS*, 28 1962), pp. 112–21; 和 L. Gary Lambert, "Rousseau and Thoreau: Their Concept of Nature" (Rice Univ., Ph.D., 1969).

柯德河與梅瑞麥可河上一週遊》，《不服從論》，和《無原則的人生》(*Life Without Principle*) 等，率皆以樂觀的口吻結尾；前瞻有朝一日，終因人類的成就如此偉大，以致與此比較之下，太陽的光輝，僅不過是顆熠耀的曉星！縱觀他所有的作品，「再生」與「覺醒」的意象不斷的湧現廻響，在《華爾騰》封面底頁有象徵性的題詞——可惜的是許多新版本均刪略了——梭羅說：「我並不打算寫哀歌，可是我要像黎明時站在橫樑上的金鷄一樣，引吭高啼，昂首喚醒我的鄰人罷了！」梭羅的《華爾騰》則以春天大地的復甦結束。

四

最重要的是，讀者不應忽略，梭羅在所有作品中皆不停地引吭高啼，希望喚醒他的鄰居。在寫給朋友布萊克的信裏，梭羅說：「我相信你一定明白我是個好說大話的人！」他有意運用誇飾的論述，以警醒我們思想的活力。我們切莫把他誇大的言語當眞。當梭羅說「他能向一位墨西哥人吐痰」，或說他「以板釘爲生」，這些只是他反諷逆說的論述，運用觸目驚心的語氣，迫使讀者仔細思量「奴隸制度」和「節食」的觀念。

梭羅的文章充滿了生動的機智語和嘲諷性的詞句。羅威爾攻訐梭羅沒有幽默感，其實沒有幽默感的不是梭羅，卻是羅威爾。撇開一些政治性的論文不談，梭羅的文章無一頁不閃爍着璀燦耀眼的幽默文筆⑩。有時候這種幽默感是雙關語——例如說當他敍述一位坐困愁城的古代希諾拜教派(the ancient sect of Coenobites)的漁夫時，他寫道，「看到了吧，魚不上鈎！」(See, no bites)有時候這種幽默感是一齣詼諧喜劇，在《科德角記遊》的一段，梭羅描寫車夫費力地把超載的驛馬車門關上，而旅客們則「調適他們的呼氣與吸氣來幫助他」。但是梭羅的幽默大部份是嘲諷性的幽默，類似《格列佛遊記》史威夫特式的幽默——一種幫助我們看見時代與文明弊病的諷刺。問題是梭羅的價值標準與市井讀者的價值標準，迥然不同；他的幽默也許「刻意逆轉」，以致一般讀者常把他幽默的重點錯過了。梭羅諷刺的不是鎮裏的醉漢與傻子，相反的，他批判的是功成利就的商人和辛勤耕耘的農夫。他並不向貲財纏腰的人致賀，相反的，卻向他們表示哀悼之意。他譏刺追逐時髦的人，卻讚美衣着襤褸的工人。梭羅並非矯情立異；他只不過懷疑凡俗一般的標準。他以迂迴暗喻的——偶而也有曉暢明白的——模式敍述，有一種更高超，更眞實的標準可以依循。換句話說，他的默

---

⑩ Harold N. Guthrie, "The Humor of Thoreau" (Univ. of Iowa, Ph.D., 1953), J. Goden Taylor, *Neighbor Thoreau's Critical Humor* (Logan, Utah, 1958) Donald Ross, Jr., "Verbal Wit and *Walden*" (*ATQ*, 11, 1971), pp.38-44; 和 Michael West, "*Walden's* Dirty Language: Thoreau and Walter Whiter's Geocentric Etymological Theories" (*HLB*, 22, 1974), pp. 117-28.

幽並不是目的，而是批判碱砭社會的方法。幽默的論述是他文體裏極有效的基礎。

作爲一位文學藝術者，梭羅除了對他欲表達的主題有興趣之外，對表達此主題的方式也格外的注意。當然這並不是說梭羅贊成「爲藝術而藝術」之說，而是他爲了實質的理由，欲有效的表達他的主題，非得注意文體不爲功。他獨闢蹊徑的文體與同時代大作家的文體，截然不同。辛勤錘鍊自我砥礪的結果，使他成爲現代傑出散文的先驅。只要將他的作品與同時代的作家並觀，卽可知作品雖皆垂百年之老，而他的文體卻是文采燦然歷久彌新！

梭羅對於文字精研覃思，煉字構句都開前人未開之境，時讓伏案認眞的讀者勤查字典。他運用一些特有的字彙，乃是爲了符合上下文義而覓得之精確字彙。常在某一特殊的情況，那些字彙似乎與上下文義扞格齟齬，但是一經查對，不得不信服，他運用的卻是該字的根義。例如，在《華爾騰》裏，他談起他的「退隱之室」（withdrawing room），並非他鑄造新詞，而是溯本追源，使用「客廳」（drawing room）最原始的根義，俾能一語雙關。

梭羅散文最基本的特性是意象鮮活具體。大部份超越主義者，無論措辭如何精妙，一般說來作品總令人覺得晦澀、渙散而抽象；但是梭羅的文字卻踏實而明確。卽使他要表達觀念——如《華爾騰》中著名的「時間只是我垂釣的溪」一段——梭羅仍然使用具體的意象來表達，寓意於物。他的文字經常譬喻精微，涵義深邃，所用的意象語均爲一般讀者所熟稔——

例如前述引吭高啼的公鷄卽是明喩。訴諸感官，勾畫物件的神韻。

梭羅對文體的型式尤感興趣。許多早期的批評家抨擊梭羅的作品「毫無章法」。但是仔細剖析他的文章，我們確信梭羅作品中的章句用語，經過提煉剪裁，皆有其特殊的意義，貼切而不可變動；任何意圖推前挪後，曳左拉右改變其原來的位置，皆將破壞全書結構的謹嚴⓫。在他逝世前發行的兩本書——《康柯德河與梅瑞麥可河上一週遊》，與《華爾騰》，梭羅尤其留意全書組織的完整性。前一部書是以一週爲全書結構的基本型式，每章代表一天。而《華爾騰》則把兩年的經歷凝縮成一年，俾以強調生命季節性的遞嬗。以春季建造木屋始，繼而敍述夏季栽育園藝，秋季造壁爐取暖，冬季在湖濱的生活，而以春季重新降臨結束，寓意「再生」與「復甦」，這樣的結構使全書的統一性極爲明顯，也使梭羅能夠運用象徵的手法，強調他對人類心靈的再生與精神的甦醒永恆而樂觀的期望。

梭羅並且把他對「型式」的興趣，融滙到作品裏更小的部份，舉例說，《華爾騰》的〈聲音〉一章，就和全書以「四季」爲結構的基本型式一樣，以「晝夜」爲結構的基礎：全章以

⓫ Donald Ross, Jr., "Composition as a Stylistic Feature" (*Style*, 4, 1970), pp.1-10 和 Francis E.B. Evans, "The Genuine Word, the Unfolding Sentence: Thoreau's Paths to Truths" (Purdue Univ., Ph. D., 1976).

清晨的萬籟始，經午後、黃昏、黑夜，而以黎明大地生命的甦醒結束。

五

梭羅所有的作品裏，《華爾騰，或林中生活》無疑的是他的精心傑作。表面上《華爾騰》敍述的是他在湖濱兩年的生活，但是卽就這層意義而言，此書已有其特殊吸引人的地方。梭羅本人幾乎就是一位麻州的魯濱遜或後院的美國西部拓荒英雄布恩（Daniel Boone），讀者不必實地參與西部開拓，卽可體會先民篳路藍褸以啓山林之拓荒勇猛的精神；在家中的安樂椅裏人們卽可瞭解到冒險犯難的生活。儘管梭羅刻意警告人們不要模仿他的生活方式，但藉着他逸趣橫生的生動敍述，簡樸的生活和自然的誘惑依然吸引了不少人，自承梭羅的信徒，獨居鄉間自築的木屋裏。

但是《華爾騰》的意境非僅止於《魯濱遜漂流記》的層面。它也是一部對現代文明的價值觀，毫不留情的批判。於百年後的今日視之，更覺切中時弊。梭羅常言人所不敢言，道人所未能道。他常問：人所謂的成功是眞正的成功嗎？人所謂的幸福是眞正的幸福嗎？人生所高懸的理想鵠的眞是我們所欲追求者乎？何以「大部份人過的是寂靜絕望的生活」？何以許多人在「臨死的時候，還發現他們從未生活過呢」？梭羅擅以狐疑質詰的態度詢問一些令人戰慄觳觫、如坐針氈，但卻鞭辟入裏，直指人心，抉發人生眞象的問題。由於《華爾騰》激發人類省思探源，許多人在讀了這本書以後，開啓了他生命底新氣象⑫。

如果我們進一步探索書中的最高境界，《華爾騰》闡示的可說是另一種價值——一部《天路歷程》，人類成功地追尋精神價值的標竿。〈更高的規律〉一章，可以視爲全書的核心。這章揭示人可以發現更高的規律，只要人「傾聽他天分裏遙遠但卻最恆久而又眞實的廻響，人雖不明白這天分將引導他走向極端抑或瘋狂；但是這條道路，只要人類愈益果決，信心堅定，人類的坦途永遠不變……若你能以歡愉之情迎接白晝與黑夜，生命將煥發出芳香，如花卉和馥草一樣，生命將更豁達開朗，燿耀若繁星，永垂不朽，——那就是你的成功。」梭羅爲自己找到一條康莊大道，而《華爾騰》正是那些在人世追尋眞理的指南。

與《華爾騰》齊名的是〈不服從論〉，事實上，在世界各地，梭羅毋寧是因此精簡的短文而聲名大噪。這篇抗議美國政府支持奴隸制度的文章，在梭羅生前及死後幾年，並未引起廻響。但是本世紀初，一位年輕的印度律師默哈瑪•甘地卻備加禮贊，闡發出不少新穎的觀點。他首先於南非採用〈不服從論〉裏的原則和技巧，極成功地爲他的同胞贏取了政治和經

⑫ 梭羅追求世外桃源的理想，必須自個人修身，自我惕勵上進開始，參閱 Northrop Frye, "Varieties of Literary Utopias," *Daedalus*, 94, 1965, pp. 323-47.

濟上的自由。甘地隨後將此思想引入他的祖國印度，再次運用「不服從」的原則，發起抵抗大英帝國的統治，並大聲疾呼廢除階級歧視的法律，反對國內畛域隔離而不公平的森嚴層級。第二次世界大戰時，「不服從」的態度在歐洲淪陷區用來抵抗納粹侵略者。在全世界各地，這種消極的抵抗被許多的少數民族用來爭取政治和經濟上的自由。饒有意味的是，梭羅的作品早期在一些共黨國家尚被視爲禁書。

〈不服從論〉的基本原則是，一位好公民不僅要「服從」良法，也要「不服從」惡法。其基本方式是消極被動，卽是一種非暴力的抵抗。政府必得在廢止惡法，與全數逮捕不肯遵守惡法的良民之間，作一抉擇。雖然這種觀點十足的理想主義，然而實際卻證明其可行性；績效卓著的不服從原則，已使梭羅成爲所有獨裁政權和暴力體制深惡痛絕的敵人，但他也是全球被壓迫蹂躪的民族膜拜的英雄。

在三篇爲布朗上尉辯護的文章中，〈爲布朗上尉請命〉（A Plea for Captain John Brown）是第一篇也是最重要的一篇文章。此文是在布朗襲擊哈潑斯渡口兵工廠，梭羅的情緒達於最亢奮激昂的時刻完成。論述初次出現於康柯德的市政廳梭羅親自召集的集會上，原來是他公開發表的講詞。突擊事件使布朗飽受責難，並且引起公憤。卽使是廢奴論者也泰半認爲布朗至少犯了戰略錯誤，甚而認爲他恐怕神智不清，顛狂錯亂。他們奉勸梭羅不必爲布朗辯護，梭羅回答道：「我不是來此聽從勸告，我是來發表演說。」梭羅認爲布朗的突襲行動，乃是廢奴論者，甚而是超越主義者所揭櫫理論的必然結果；因此他選擇在康柯德鎮，人物薈萃的大廳，發表那篇熱情洋溢的答辯文。愛默生敍述：「一大清早，大廳就擠滿了各行各業的人，他眞摯地對英雄致頌詞，讓所有在場者肅然起敬；雖然偶有駭異之色，但群衆仍舊自然流露同情的回應。」後來梭羅又在麻州波士頓和烏斯特二地，對成羣蜂擁的人潮作同樣的演說。値得留意的是，梭羅並非無條件的贊成布朗襲擊兵工廠的行爲，只是他非常敬佩約翰布朗上尉無畏果敢的勇氣，和堅守原則的信念。布朗不但「坐而言」而且「起而行」，和許多梭羅同時代的人物相比，更是讓人敬佩。

《無原則的人生》從各個角度觀之，皆可以稱得上是梭羅整體哲學觀精闢扼要的闡述。此文雖付梓於他身後，但是梭羅曾多次以「謀生之道」(Getting a Living)的標題，在生前作爲講詞發表，目前的標題則是《梭羅全集》的首任編輯，詹姆斯・菲爾滋（James T. Fields）所取。此文主旨，概括而言，即梭羅喜引的《聖經》經文：「人若贏得了全世界，但卻輸掉了自己的靈魂，又有何益？」(What shall it profit a man if he gain the whole world but lose his own soul?)

自一八三七年哈佛大學畢業伊始，梭羅即每天撰寫日記，直到一八六一年秋天，死前的幾個月。當時他實際上已病入膏肓，無法執筆。日記總數約二百萬字，洋洋十四大卷，是一個人面對長串歲月沉思與觀察所留下最完整的記錄，梭羅撰寫日記，大都變成他文章或書裡的內容栽育的「苗床」。《華爾騰》和《一週遊》，有許多地方皆摘引自日記。但是到了一八五〇年梭羅寫日記變成了一種目的——記載梭羅眼見宇宙萬象的多面性；他記述康柯德的自然史，城鎮居民生活的點點滴滴，讀書的心得劄記；最重要的是他記下對當代普遍的道德、科學、和精神問題的所思所慮。

寫作生涯之初，梭羅自栩爲詩人。事實上，梭羅也留下了兩百餘首詩，但僅只有少數幾首，因其內容而非形式，值得選集錄載。梭羅可說是一位思想詩人。用愛默生的話說，梭羅並非眞正寫詩，只不過藉詩爲文，議論至上⑬。愛默生甚至說，他只想過着詩意的生活而非眞正想寫詩。梭羅自己則道盡他個人的詩人胸懷——

生活卽是一首詩，

---

⑬ H. Grant Sampson, "Structure in the Poetry of Thoreau," *Costerus*, 6, 1972, pp. 137-54; Henry Wells, "An Evaluation of Thoreau's Poetry," *American Literature*, 16, 1944, pp,99-109; 和 Paul Williams, "The Concept of Inspiration in Thoreau's Poetry," *PMLA*, 79, 1964, pp.466-72.

豈能生活又吟詩。

六

整整歷經一個世紀，梭羅才躋身美國的經典作家之林。他已是一位衆口皆碑，卓犖不凡的作家。他在世界文壇的地位也穩若磐石，至今他的聲譽仍如麗日中天，光芒萬丈！但是卽使如此，梭羅仍無法博得大衆的喜愛；他一向不是暢銷通俗作家，作品亦非老少咸宜，而且恐怕將來也不會風行。沒有一枚美國郵票是爲紀念他而發行；也沒有一所公園爲他塑刻雕像；他的母校哈佛大學既未以其名設立講座教授；亦未曾設立一所梭羅廳紀念。梭羅吸引個人，而非群衆⑭。但是在關懷生活基本價值的哲人中，梭羅卻一定有其無法摧夷震撼的地位。誠如愛默生所說——

---

⑭ Michael Meyer, *Several More Lives to Live: Thoreau's Political Reputation in America* (Westport, 1977), Richard Ruland, *The Rediscovery of American Literature* (Cambridge, 1967) 和 Theodore Haddin, "The Changing Image of Henry Thoreau: The Emergence of the Literary Artist" (Univ. of Michigan, Ph.D., 1968).

他的靈魂乃為最優秀最高貴之靈魂而生；在短促的生命中，他擅專了世上的多種能力；只要是有學問、有德行、有美的地方，那就是他的家。

茅屋還堪賦，桃源自可尋

——《華爾騰》結構與思想剖析

梭羅的散文體在美國作家中獨樹一幟。學者由此入手，當更能明白《華爾騰》的意境，以及此書何以風行不衰。逐篇細嚼《華爾騰》，益發令我們感受到梭羅如何融會語言，汰沙揚抹後注以新的生命，揭示思想的深邃，啓發人類的心靈。

梭羅寫《華爾騰》，像他造木屋，構築謹嚴，章法密栗，絕少隙漏。每一句、一段、一章無不貼切適當，任何增益損減皆能斲喪通篇情意貫穿、一氣呵成的精心結構。「四季輪替」是全書結構的原則；梭羅在華騰湖濱住了兩年兩個月又兩天，但在寫書時，他把自己的經歷濃縮成一年的時序循環。《華爾騰》始於三月梭羅砍倒松樹：春天一季忙碌於建造木屋；夏天時遷進木屋，照料豆圃；秋季時造壁爐取暖；冬天則觀察鄰居——人類、動物、和植物；在積雪的湖濱開始融解，春天再度降臨時，梭羅結束了該書。

以全書整體觀之，每一單章均有其適切不能挪後推前之地位。對比的母題交替出現：精神面與世俗面呼應——〈更高的規律〉之後接著是〈禽獸爲鄰〉；實用與哲理交替——〈經濟篇〉之後緊接的是〈我的生活處所，與我的生活目的〉；人與動物的比竝相屬——〈早期居民；冬天的訪客〉之後接著是〈冬天的禽獸〉。前後章的銜接翻騰，縱橫交叠；或以對比：〈寂寞〉和〈訪客〉；或以時間順序：〈冬天的湖〉和〈春天〉；或以特意放置的連接句：〈閱讀〉結束，下一章〈聲音〉即以「但是當我們侷限在書籍時……」開頭；〈豆圃〉的下一章〈村莊〉頭一句便是「在鋤耕之後……」而最主要的點題的三章——〈經濟篇〉、〈更高的規律〉和〈結束語〉，則分置於開頭、中腰和結尾，前後鈎連首尾呼應，更是妙着❶！

在整體的結構之下，每一單章仍是結構井然，歷落有致。在〈湖〉章中，梭羅首先描寫華騰湖，而後敍述西南面（我們由他的一篇短文《遊踪掠影》(*Excursions*) 得知，這個方向梭羅總是喜愛遠足而至）：穿過康柯德鎭、佛靈特湖、鵝湖、飛海灣，直到白湖。在〈早

---

❶ F. O. Matthiessen *American Renaissance* (New York, 1941, Passim); David Mason Greene, *The Frail Duration: A Key to Symbolic Structure in Walden*(San Diego, 1966); David L. Minter, *The Interpreted Design as a Structural Principle in American Prose* (New Haven, 1969), pp. 86-102.

期居民；冬天的訪客〉裏，梭羅先敍及革命時期的居民，依序描繪晚近的居民郭修（Hugh Quoil）（此人在梭羅住進湖濱的第一個秋天卽去世），最後則以敍述他暫居湖濱時的訪客結束該章。類似型式的章法結構篇篇可尋。

每篇之下的每一段落結構亦復如此。一般說來梭羅的段落頗長，只是一般讀者不易察覺。《華爾騰》全書僅四百二十三段，在標準版中平均常常一段卽佔整頁篇幅。只是這些段落屢經梭羅構句煉字，一般人鮮少注意其長度。由於段落結構曲折多變，不易擷取典型範例。然而有一敍述技巧値得讀者深思：梭羅喜在每一段落的結束安置高潮；尤其要留意的是，每一段的末句不僅言簡意賅總結全段，而且含味雋永餘韻無窮，全段若用以嘲諷，則附上點睛的一筆；若談玄說理，則加上遼濶敻遠的概念補充。梭羅的段落多半可獨立自成篇章，然而若將這些段落自其特有的位置割裂抽離，搬上移下，曳左拉右勢必破壞全書章法的完整。

梭羅的句子也是相當長。長達半頁的句子隨處可見，甚至有佔滿整頁或者更長篇幅的。長則長矣，這些字句經過梭羅細密的編織，乃至上下歷落有致，絕不單調，一般讀者對句型之瞭解並無困難，作品的節奏隨着內容和感情伸縮翕張。我們且舉一迤邐翻騰，跌宕奔放的長句子說明——

有時我夢想有一座更寬敞的屋子，聳立於一個黃金時代中，材料耐久，屋頂上沒有陋鄙而脆弱的裝飾，只有一個房間，一個寬廣、粗獷、堅實而富原始風味的廳堂，四壁徒然，只有光裸的椽木和腰樑，支撐頭頂上的第二層天，——却儘足以抵禦雨雪了；你一進門向匍匐的先朝農神致敬，便見王和后趨前迎迓；在此巨穴般的房間裏，必須把火炬裝在長竿上方能照到屋頂；可以待在爐邊，可以住進窗凹，可以歇在高背椅中，可以在大廳的一端，可以在另一角落，或者，如果願意，可以蜘蛛為侶，住上椽木；此屋敞開大門即達，縟禮盡袪；倦旅登堂洗塵，飲食，閒談，休憩，不復跋涉之苦；屋中應有盡有，不煩家事之勞，正是暴風雨夜，行者心之所嚮；屋中財富，一覽無遺，人所需者，皆懸壁上，既是廚房、食櫃、客廳、臥室，又是棧間和閣樓；你看見大有用處的木桶和梯子，極其便利的碗櫥，你聽到壺裏水沸了，你忍不住要向煮飯的火焰、焙麵包的爐子致敬；必要的傢俱與器皿是主要裝飾品；洗過的衣物不必晾在外面，爐火不熄，女主人不必躬親操作；也許有時你得移動一下身子，欠一欠身，讓廚子掀開地板門走下地窖，你方才知道脚下虛實。

全句總共四百五十三個字，雖然如此，作品的句子縮短加長配合雙聲叠字，產生繁富而和諧的音色和多變的韻律，常給人峰迴路轉的感覺。

《華爾騰》裏也有僅只五字的短句，錯落穿插。過長和過短的句子畢竟不多，大部份的句子架構舒許的節奏。梭羅句法的長短與用字結構力求變化，能夠控制裕如增加作品張力則爲他過人的長處。

他的詞彙極爲廣博，行文遣辭，字字珠璣，而時令學者伏案勤查字典。我們隨時拈來幾個單字即可說明。例如：Integument（外殼），Umbrageous（憤恚的），Deliquium（失神錯亂），Aliment（滋養物），Fluviatile（棲於河中的），Periplus（環航遊記）等。我們很難批評他特意運用冷僻怪字以達賣弄的目的，因爲這些字自有其上下行文的貼切性，驟紘急管，莊穆雄渾，奔放自如，各具特色。

梭羅文體的另一特性是擅用典故。正由於梭羅的文章有此特性，因而《華爾騰》絕對需要註本❷。目前已有渥特・哈定的《華爾騰》註解本，紐約大學出版。全書幾乎無頁不有《聖經》的迴響、玄想派詩人的雋言、譯自古典文學的名句、引自希臘神話的典故、或直接

---

❷ Walter Harding, *Variorum Walden* (New York, 1962); and Philip Van Doren Stern, *Annotated Walden*, New York, 1970.

引證美國初期的歷史、或在句子裏融入一個梵文聖經之隱喻等等❸。無疑的，由於梭羅用典精微朗暢，渾無斧鑿痕跡，因而讀者無庸參對原典所出；惟認眞黽勉的讀者，若用心細究溯其淵源，更能在細微處驚瞥新意。

第三個特性是梭羅的語言，渥彩四溢，比喻精當貼切。瀏覽《華爾騰》全書，我們可以縷列出下列幾種比喻的技巧：

(1)典故——「赫丘利斯的十二樁勞役」。

(2)隱喻——「時間者無他，機器而已」。

(3)質詰式的反問句 (rhetorical questions) ——「在他心靈裏可有任何神明悸動？」

(4)頭韻法——「擷取新鮮燃料」。(fetch fresh fuel)

(5)類比法——「人體是座火爐」。

---

❸ Anne Whaling, "Studies in Thoreau's Reading of English Poetry and Prose, 1340-1660" (Yale Univ., Ph. D., 1946), Buford Jones, "A Thoreauvian Wordplay and *Paradise Lost*, (*ESQ*, 47, 1967), pp. 65-66; John R. Burns, "Thoreau's Use of the Bible" (Univ. of Notre Dame, Ph. D., 1966); Larry R. Long, "The Bible and the Composition of *Walden*" in Joel Myerson, ed., *Studies in American Renaissance* (Boston, 1979), pp. 309-53.

(6)雙關語——「時髦的……烹飪」。(Cooked ……a la mode) 亦可解釋爲「蔬菜濃汁」。

(7)遞增修飾法 (epanorthosis) ——「更多更豐富的食物，更大更美奐的房子，更多更精緻的衣服」。

(8)古體字——「山林綠疇」。(vert)

(9)寓言——印第安人賣籃子。

(10)明喻——「生得像外長植物」。

(11)壓抑敍述法 (meiosis) ——「不是房主，只是鵲佔者」。

(12)同語逆述法 (anti-strophe) ——「不是人看管畜牲，而是畜牲看管人！」

(13)矛盾修飾法 (oxymoron) ——「虔敬的蓄奴者」。

(14)重覆加強法 (epizeuxis) ——「簡樸，簡樸，簡樸！」

(15)首語重覆法 (anaphora) ——「『二』人，『二』舍，『二』器」。

(16)曲言法 (litotes) ——「但是並不少……」

(17)對立法 (antithesis) ——「何以狀速實緩？」(Why so seeming fast, but deadly slow?)

⒅等喩法(metonymy)——「吾首卽吾手足」。

⒆烘托對比法(contrast)——「成串的雲絮在它(火車)後面拉長……升天,而它直奔波士頓」。

⒇擬聲法(onomatopoeia)——「托爾——爾——龍克」(tr-r-r-oonk),此乃模擬蛙鳴。

(21)矛盾語(paradox)——「淸晨無客至,吾廬滿高朋。」(I have a great deal of company in my house; especially in the morning, when nobody calls.")

(22)擬人法(personification)——「大自然卽吾芳鄰美婦」。(an elderly dame〔nature〕, too, dwells in my neighborhood.)

(23)結句重覆法(epistrophe)——「這是我手造的屋子;這個人住在我手造的屋子」。

(24)舉隅法(synedoche)——「向黑帽(戴黑帽的)灰衣(穿灰衣的)探詢」。

(25)反諷法(irony)——「廝州與祖國的自由,毫髮無傷,眞令人驕傲!」

(26)頓呼法(apostrophe)——「華騰湖,眞是你嗎?」

(27)誇張法(hyperbole)——「炸老鼠有時也是一道美味佳餚!」

但是梭羅文體在單字選擇上最重要的特性乃在其生動鮮明，簡潔平易。愛默生曾這樣形容梭羅：「讀他的作品，我可以找到和我相埒的靈魂與思想，只是他不止於蟻步自封，而用精闢獨創的意義，敍述那些我說來恐怕只會引人昏睡的概念。」梭羅的文字犀銳峭拔直觸讀者感官，他讓你聽到、看見、嚐到、感覺、與嗅得他發抒的一切。特別著名的一段是他對周遭大自然的精彩描述——他寫華騰湖畔捕獲的梭魚就是一個絕佳的例子，或顏色和聲音相和，或顏色和觸覺並列：

當我俯臥冰上看它們，或當我窺視漁夫冰上所掘的井，覽盡通到水底的小窟窿的時候，我常常被它們稀世之美弄得驚異不止，它們像是一羣神秘的魚，街上看不到，森林中見不着，恰如康柯德的日常生活裏，看不見遙遠陌生的阿拉伯。它們有一種異常眩耀、超自然的美；將它們與灰白的小鱈魚和黑絲鰲相比，真有天淵雪泥之別；然而後者頗負盛名，遍傳遐邇。它們並不泛綠得如松樹，也不陰得像岩石，更不是湛藍得一如碧空；然而它們有更稀世的色彩：像繽紛的花卉，璀燦的寶石，剔透的珍珠，是華騰湖水遨遊逡巡的動物所凝成的結晶體。

梭羅對人物的描繪也頗令人稱道。例如他敍述菲爾德夫人：

他的夫人任勞任怨，站在高爐後做完一餐又一餐；圓滾滾的，滿是油脂的臉，袒露着胸，夢想有一天會過個好日子；抹布始終不離手，却是沒見她用過。

甚而極抽象的概念，他也可以情借景顯用具體的詞句表達：

時間只是我垂釣的溪流。我啜飲着；飲的時候，見細砂歷歷可數，乍覺河底何其清淺！玎珮水流淙淙，然永恒常留。我願多飲；仰飲長空，垂釣星河，蒼穹底層，濯白晶瑩的鵝卵石是羅列的繁星！

衆云梭羅是建立現代散文簡潔生動卓犖風格的先驅。梭羅將濯白的鵝卵石比作羅列的繁星，取譬貼切驚人，給讀者意外的喜悅。遙呼千年前杜甫拔俗的意象「青天何歷歷！明星如白石」（《擬古》十二首其一）。或許還啓發百年後的葉慈一絲靈感。《亞當的詛咒》也有類似的譬喻。我們若將《華爾騰》與當代諸家之作並列，一望可知衆作皆已垂百年之老，而梭羅的散文，則歷久彌新。梭羅的風格素樸自然，如水面荷花在風中飄舉。語言鮮活平易，有如行雲流水，來也無踪，去也無跡。但是讀者咀嚼再三，卻可感覺潛藏字句之下的巧作精義；無論用字、構句、謀篇，梭羅未嘗不精鍊，追求文字的高度準確，可說鑪錘得已達「不煩繩削而自合」的最高妙的藝術境界。散文巨匠如海明威，劉易士，維拉・凱瑟，葛拉斯高 (Ellen Glasgow)，懷特 (E. B. White)，佛洛斯特，普魯斯特 (Marcel Proust)，甚而亨利・米勒 (Henry Miller) 等，對梭羅清麗優美，情思酣暢的文體莫不交口稱讚。

梭羅的思想與其文體同等重要，深邃的思想使梭羅躋身美國大文豪之林。著名的梭羅批評家芮基納・庫克 (Reginald Lansing Cook) 指出《華爾騰》內容包含有三類文學基型——《魯濱遜漂流記》(*Robinson Crusoe*)，《格列佛遊記》(*Gulliver's Travels*)，和《天路歷程》(*Pilgrim's Progress*)；而另外一位研究梭羅的名學者渥特・哈定 (Walter Harding) 則增加第四類基型——《賽朋自然史》(*Natural History of Selbourne*)。

對一般讀者而言，梭羅主要是一位自然寫實作家。特別是書籍剛發行的幾年，《華爾騰》的讀者絕大多數以爲此書與懷特的《賽朋自然史》類似，而着眼於書中對自然的敍述。鑑乎此，十九世紀的讀者常將較富哲理的二篇——〈經濟篇〉與〈更高的規律〉略而不讀，視其爲超越主義混涵汪茫荒誕無稽之論；而特別留意書中〈聲音〉，〈禽獸爲鄰〉，和〈冬天湖濱〉裏描述自然的文字。就描寫自然而言，可說鮮有出梭羅之右者：他文筆寫實，匠心獨運，堪稱此中泰斗。《華爾騰》裏的潛水鳥、青蛙、螞蟻與老鼠，一觸及梭羅的筆尖，便都染着了高貴的靈性和情感，栩栩如生而具人性，寫來筆筆見功。只要人類對周遭自然世界的興趣恒久不衰，《華爾騰》無疑的仍將吸引萬千讀者。

另一類讀者則將《華爾騰》與《魯濱遜漂流記》同歸遁世文學。和魯濱遜相彷，梭羅徹底遠離塵囂，擯棄現代文明帶來的焦慮與苦難❹。這個新世界中不復有鬧鐘、工作時刻表、燕尾禮服、乃至止痛劑。讀者從《華爾騰》中感受到質樸生活的樂趣：與梭羅一樣置身於周遭環境，面臨挑戰，解決飲食、衣物、房舍、和燃料等基本問題，體驗祖先百餘年前篳路藍褸的拓荒生活——這一切的一切皆係假托梭羅的經驗而得盡收眼底——讀者此時卻仍舒適地躺在安樂椅裏，面前一窗如畫，室內暖意如春。

《華爾騰》固可在安樂椅上閱讀，但是絕非作者寫書的本意。讀者初或視其爲遁世文

---

❹ W.H. Bonher and M.A. Budge, "Thoreau and Robinson Crusoe, An Overview" (*TJQ*, 5 1973), pp. 16-18; Laraine R. Fergenson, "Wordsworth and Thoreau: A Study of the Relationship between Man and Nature" (Columbia Univ., Ph. D. 1971).

學，繼則必然生出身歷其境之感，開始認眞思索；與起的絕非逃遁之念，而是興革之心，特別是「誠意正心」自我修養的信念。《華爾騰》可謂「起而行」的指南。在〈閱讀〉一章中，梭羅說：「多少人在讀了一本書之後，開始他生活底新氣象新紀元！」《華爾騰》對成千上萬的讀者而言正是這樣的一部鉅著。

奇怪的是，梭羅的讀者幾乎無法體會，《華爾騰》其實類似《格列佛遊記》，是一用筆凝鍊思想冷雋，時而又淺顯曉暢，對現代文明的諷刺。傑出的批評家如羅維爾（James Russell Lowell）甚至也忽略了《華爾騰》的這層意義，故而遽下結論，認爲梭羅缺少幽默機鋒。此說實乃無的放矢！誠然，對一般讀者而言，梭羅的幽默感或如羅氏所譏「顛三倒四」，令人難解其間機巧雋永。一般民衆所奉爲神明的，梭羅常嗤之以鼻；而他們不屑一顧的，梭羅反而奉爲典範。《華爾騰》無一頁不有諷刺性的幽默，讀此書的人若不明白這層幽默必無法明瞭全書。梭羅在書內封面底頁中曾自喻黎明時雄踞橫木，引吭高啼的金鷄。這種昂首高吭，正是梭羅發抒爲文字的諷刺。讀者一旦能夠自梭羅眼中觀察宇宙，世界便將截然不同，萬象必然別具新貌。

畢竟《華爾騰》的最高價值在於它是一部心靈的自傳，一部追尋至眞至善盡美的「心路歷程」。如此闡釋絕非貶詆《華爾騰》其他雋永有趣的意義層面。此書之所以成爲曠世鉅著正是由於全書隱涵意義的繁複，餘韻無窮，可聽任讀者自不同角度欣賞。《華爾騰》對梭羅與獨具慧眼的讀者而言，不啻為一齣宗教的闡揚，或是一場講道詞。但書中所揭櫫的絕非純粹神學論斷的關懷；梭羅的好友謙寧（Ellery Channing）曾說：「形上論是他最痛恨的事！」在《華爾騰》全書裏，特別是包括那些早期讀者所略而不讀的幾章，如〈經濟篇〉，〈更高的規律〉，和〈結束語〉等，梭羅所最關心的乃是人類的精神價值。

要深入領悟梭羅的心路歷程，至少必得先了解超越主義思想的基本信念。超越主義主要針對十九世紀新英格蘭唯一神教「冷酷的主智主義」之反動。唯一神教的哲學乃以洛克（John Locke）的經驗論和他的《人類悟性論叢》（*Essays on Human Understanding*）一書為基礎。洛克的基本學說認為人類的知識皆源自感官，萬象諸事惟有驗證於感官方可採信。超越主義並不擯斥洛克的學說，只不過更進一層超越經驗實證論的思想。超越主義者本來明白塵世的知識來自感官，但確信更重要的靈智、道德判斷、良知等本然之天理，皆深蘊於人類的心靈。這種內在良知，一旦受神性感召，必定激越飛揚。人類的心性在孩提時即保有此本眞，不幸的是，隨著歲易勢移，遂為外在物欲所泯沒，呼喊漸弱，終乃不可聞。因此每一位有良知的人，對社會、對自己，和對上帝，皆應負起袪除疲氈痲木頹習的責任，復歸童稚時期澄然肫誠，光明葆眞的本性；而且更應以此內蘊本性所外鑠的光芒，作為人類行為的準繩❺。然而這種返歸自然的思想，言之非艱，行之維艱。「世界饋我豐厚」。("The world is too much with us.") 華滋華斯的詩行被梭羅改寫成：「我索萬物無饜」("We are too much with the world")。人類率相棄精神而趨物質，然而欲歸眞返樸，我們必得摒除物質的追求，梭羅以肯定的語氣回答我們：

> 人只要充滿信心地依循自己的夢前進，並戮力按照自己想像的方式生活，則能到達平日所未敢冀望的境界。並將日有所進，超越無形的藩籬；全新、自由、放諸四海皆準的法則，自會植基滋榮於內心；原有的法則，因其闡釋而添具新義；遂能與萬物同

❺關於梭羅與超越主義的研究，參閱 Alexander Kern, "The Rise of Transcendentalism," in Harry Hayden Clark, ed., *Transitions in American Literary History* (Durham, 1954), pp. 247-314; Paul F. Boller, Jr., *American Transcendentalism, 1830-1960* (New York, 1974); Perry Miller, *The Transcendentalists* (Cambridge, 1950), and *American Transcendentalists* (New York, 1957); and Donald N. Koster, *Transcendentalism in America* (Boston, 1975). Perry Miller, "Thoreau in the Context of International Romanticism" (*NEQ*, 34, 1961), pp. 147-59; Ronald E. Tranquilla, "HDT and the New England Transcendentalists" (Univ. of Pittsburgh, Ph. D., 1973).

遊，而莫不逢源，無入而不自得！

成功可能短暫，努力必不唐捐。因爲成功的那一刹那，即是生命的更高境界；這個境界即是那些比梭羅更側重神學的作家們所謂的「神秘經驗」意境。《華爾騰》·〈聲音〉一章的第二段即是美國文學史上描寫這種神秘經驗最眞切深刻的例子。《華爾騰》的確是一部心靈的自傳與指南；與《魯濱遜漂流記》並觀，《華爾騰》或有幾分遯世遺俗之境；若與《格列佛遊記》同論，則或恣意嘲諷、消極逃避；但若我們能體會其中最高的意境，《華爾騰》生機洋溢、積極樂觀：這才是梭羅想留給讀者的最終印象。我們且看《華爾騰》的最末一段：

我並不是說人人都能理解這一切；可是我所謂的白日並不是隨着時間的自然流逝即能出現。因過份刺亮而使我們闔眼的光明，其實便是黑暗，惟有清明的神智方能帶來破曉，破曉之後是無盡的光明。太陽不過是一顆曉星。

這個主題並不僅見於最末一段。自封面底頁題詞始，貫穿全書的主要意象有「再生」、「早晨」、「春天」、和「未來新生」。全書以「季節遞嬗」爲結構核心：春天開始，依序輪替的是夏天、秋天、和冬天，而以來年春天開始結束。〈聲音〉一章仍然依「時序遞嬗」循環的原則，只是具體而微：始自清晨、經下午、黃昏、黑夜、而終於破曉時分，大地復甦，萬籟齊鳴。書裏間或插敍印第安人與墨西哥人的滌罪儀式；或寓意一隻匿藏於古蘋菓木桌達六十餘年而重生的爬蟲；我們也明白梭羅所鍾愛的華騰湖，隨冬雪而蟄伏，待來春甦醒。梭羅《華爾騰》的本質是奮發樂觀，在他看來，天堂不在來世，而在今生。梭羅一生奮鬪不懈，冀望在今生創造天堂，在濁世尋覓桃源❻。

---

❻ 有關梭羅研究的新方向，請參閱下列新書：Willard H. Bonner, *Harp on the Shore* (Albany: State University of New York Press, 1985); Walter Harding and Michael Meyer, *The New Thoreau Handbook* (New York: New York University Press, 1980); Harold Bloom,ed., *Modern Critical Views: Henry David Thoreau* (New York: Chelsea House Publishers, 1987).

《華爾騰》似反實正的修辭策略

光陰盡蹉跎，永恒無毫傷？

我擔心我的表達不夠「誇張」，我擔心我表達的無法超越自己日常經驗的狹隘範圍，未能貼切地證實我所肯定的真理。「誇張」！這得看你的標準而定……我希望能自「從心所欲」的基礎說話；像一個神智清明的人向半昏睡的人說話；我覺得，給真實的表達奠立一個基礎所需要的「誇張」，我還不夠。

《華爾騰》〈十八章結束語〉

一

梭羅立論爲人特立獨行，詭譎幽深，「矛盾」一詞乃成爲研究梭羅的關鍵語。梭羅雖集諫政、理想主義、超越主義者於一身，但另一方面他對烏龜和蝦蟆赤裸殘忍的報導，卻道出天地無情（第十七章，〈春天〉），而對樹木年輪所作的統計數字，卻又看出他的錙銖必計（見第一章，〈經濟篇〉）。因此梭羅一直被人認爲是一矛盾難解和乖戾無常的人（"rebarbative neighbor" 羅威爾語）。雖然如此，批評家柯勒齊（Joseph Wood Krutch）卻稱譽：「把衆人認爲不和諧的事物極和諧地結合在一起，正是梭羅的拿手絕技。」❶在《華爾騰》書中，此種矛盾扞格的現象融合成一和諧的情況，更是臻於渾熟圓融的藝術之境。雖說談論的只是私人生活，梭羅卻「直指人性，大聲疾呼。」他隱遁於湖濱一隅，自喻如仙后星座一般遙不可及，卻每隔數日即漫步逡巡附近村莊；爲了過著詩意且神秘的生活而唾棄物質論，卻又自炫對物質的駕馭極有效率，在《華爾騰》書中羅列自己資產收支表，證明他的「經濟」成功；一方面悲歎科技的弊端，卻又孳孳矻矻於測量華騰湖的深度與湖冰爆裂的聲音。

似反實正矛盾文字的運用是《華爾騰》一書文體的主要特性。書中齟齬、對比、和矛盾語的一再使用，頗見十七世紀英國詩人鄧恩（John Donne）與布朗爵士（Sir Thomas Browne）玄想詩派的流風。梭羅似反實正的修辭——以「著作等身，絕少付梓」（"Much is published, but little printed"）爲例——看或自相矛盾、不合理，然而矛盾語之爲寫

❶ 見 Joseph Wood Krutch, *Henry David Thoreau* (New York, 1948), p. 286.

詩技巧，與隱喻的關係密不可分。惟有以傳統的價值觀點衡量矛盾語，或許會顯得荒唐無稽。只要讀者瞭解梭羅有意「挪移」本義、鑄造隱喻、或創造雙關語，所有障礙困難便化爲有。雙關語是兩個或多個同音而義異，高度凝鍊的類比型式之詞句；這種技巧特別有助於梭羅的目的——以字面的矛盾達到戲劇化的效果。矛盾語的特質源自於刻意忽視並且歪曲文字的一般意義。

矛盾語乃是利用間接委婉的方法，打破語言的傳統意義。梭羅同時代的作家朴須納(Horace Bushnell)，在其論著中確定了矛盾語之技巧和方法。他說：「我們再沒有比以矛盾語方法敍述更能深刻瞭解眞理；亦卽：在詞句矛盾扞格時；或當兩個或更多的措辭，字面意義相互牴牾衝突時。」❷在《華爾騰》中，梭羅欲表達超越傳統之眞理，此種修辭技巧，恰可提供高度的精確性以及論辯的效果。

梭羅早先曾經反對此種風格。在他日記裏臚列自己的錯誤時，第一項就是：「矛盾語——故說反語——一種極易模仿之文體。」（《梭羅日記》卷八，頁七）有一回他埋怨：

---

❷ 請參閱 Charles Feidelson, Jr., *Symbolism and American Literature* (Chicago, 1953), p. 156.在這本書裏曾引述了 Horace Bushnell, *God in Christ: Three Discourses, … with a Preliminary Dissertation on Language* (Hartford, 1849), p. 55.

「至友誘我用某種語言特權……用矛盾語，一種奇特的表達方式，我常不假思索就應其請，即席寫成。」（《梭羅日記》卷七，頁一六五）梭羅寫作生涯之初，愛默生痛詆「冬日漫步」的「矯揉作態」，特別批評此「似反實正的修飾法」：「舉例說，故將寒地說成酷熱，孤獨說成公開，荒漠說成家居。」❸雖然有這些警告和躊躇——後世擁護梭羅的批評家則採較保留的立場——梭羅並沒有完全放棄似反實正的修辭策略。他本身反諷的感性正契合此種文體；而他浸淫於十七世紀的作品，更顯露了矛盾語的淵源深厚。卽使是惠特理大主教(Archbishop Whately)——梭羅大學時代所用修辭學教科書的作者——亦不得不承認矛盾語的優點。梭羅率性的發揮他詭譎莫測的才氣，充分的運用切合他需要的修辭技巧。

這些需要，部份自然必須視超越論思想的本質而定；而超越論強調感應事物表象之後所隱藏的精神眞理。自然是神聖心智的表徵；自然萬象，觀察準確，卽顯露出道德和眞理。愛默生說，透過適當的感應，「人可直逼上帝全部的心靈」，而「自己卽是小我宇宙之上帝」❹。

---

❸ 見 Walter Harding and Carl Bode, eds., *The Correspondence of Henry David Thoreau* (New York, 1958), p. 137. RWE（愛默生）to HDT（梭羅），Sept. 18, 1843.

❹ Ralph Waldo Emerson, *The Complete Works of Ralph Waldo Emerson*, Centenary Edition, 12 Vols. (Boston, 1903), I. 64.

唯心論是超越論者必須把握的前提：唯心論確信「物來就心」。愛默生舉例說明，要求尚未入門的讀者，從跨下外觀，凝視一幅顛倒的風景。凡是心智與宇宙魂和諧無間的，純潔、健康、和自立自強的人，能夠不停的在平庸裡找尋不凡，從腐朽裡挖掘神奇。對翳於傳統，怯懦或墮落的人而言，大自然將只爲「頹圮的廢墟或……空茫一片」。梭羅堅決反對愛默生學說中把大自然加以系統整理「寓言化」；梭羅比愛默生更強調妨礙人類直觀自然「現象」的「虛僞和欺術」。梭羅精神異稟的基礎卽在瞭解人與自然的關係；生活的簡化是孕育此種智慧的條件。梭羅向心情「絕望」的人說，袪除人僞的事物，你將可朗讀「大自然」的語言。眞理——「萬事的秘訣」——暗藏於表象之下，伺機而顯。

愛默生的文體運用啓發或闡釋的技巧；而梭羅則乾脆採取說服的模式。梭羅敍述他和法籍後裔加拿大樵夫的談話，清楚地表達梭羅想「駕馭」他俾能「使他以靈眼品察萬物」《華爾騰》・〈訪客〉。以上的敍述模式大致可用來解釋《華爾騰》的文字技巧。梭羅在此所面對的難題——其他作品亦然——乃是要爲讀者創造「淸醒的時刻」，俾使讀者能體會梭羅自己「所深信的眞理」。換句話說，梭羅想把讀者對自我、對社會、對大自然、和對上帝的態度凝聚成和他自己的態度一致。梭羅努力運用氣勢逼人的誇大法和對比法的修辭技巧；人類絕望的生命衍生魯鈍的感性，人狃於此種「常識」而不自知，梭羅卻運用修辭技巧將讀者早已習慣的世界整個逆轉過來。梭羅在「腐朽佻巧浮淺的文句」中探索新義，而以生機勃發的語言向牢不可拔的思想行動的陋習挑戰：他在《無原則的人生》中說——「莫睨一時，留眼永恆！」(Read not the Times. Read the Eternities.) 涵括了他所用種種誇張技巧的要點——誇大法、雙關語、矛盾語、諧英雄體 (mock-heroics)、疊覆問句 (loaded questions)、以及陳詞、諺語、和典故之反諷應用——梭羅爲讀者開拓出新的視野。文詞風格足以徵見性情，梭羅的想像可以在空間和時間往來倏忽，感情可以如行雲流水，在在皆與他對文字的創造、鎔鑄、重疊、濃縮、息息相關。

二

《華爾騰》固然旨在宣揚一種人生觀，可是絕對不流於粗糙的論述說道。它娓娓地敘述一個生活的實驗，一段經歷，或可說是一則人生寓言。一八五一年梭羅徘徊趦趄在純粹敘事與偏重說教的兩可之間，委決不下，他寫道：「我寫的事實，或有人以爲謊言。我志在使筆下的事實賦有神話的況味。」(《梭羅日記》卷九，頁九九) 即使是書中最類似諫碱警句的部份，亦莫不以此「神話」或「刻意的虛構」爲基礎。本文旨在闡明，似反實正的矛盾語是《華爾騰》的一貫技巧，顯見於其主題、象徵、人物、和結構之中。

許多批評大家曾經指出，文學作品中莫不可以抽離出虛構的主角與虛構的讀者（觀衆）二層意義；❺很明顯地，《華爾騰》中梭羅兼具敍述者與主角的「我」二而爲一，乃是特意塑造的作品人物，批評者不可遽指爲康柯德的一名鉛筆匠。此敍述者的語調及面貌不一而足，或爲嚴厲的衞道者，或爲和煦的良友，或爲與世無忤的隱士，甚或爲善變捉狹之徒，做些人生實驗意在驚世駭俗。凡此面貌之中當以〈倍克田莊〉、〈禽獸爲鄰〉、和〈室內取暖〉三篇所見最爲柔婉可親，嘲諷自己的理想主義與改革熱忱。凡此種種在在顯示出梭羅的「衆人皆醉我獨醒」的自覺，以及他異於尋常人的觀照和抱負。

《華爾騰》中的「虛構讀者」頗值得注意。肯尼茲・博格（Kenneth Burke）在《劇中安東尼》書中把朱里阿士・凱撒中安東尼演講辭一段的讀者（觀衆）分爲「劇中暴民」和「旁觀暴民」兩類。我們或可借此說法，試析《華爾騰》：將其戲劇結構的內外反應作一區

---

❺ 傅瑞耶（Northrop Frye）《批評的剖析》（*Anatomy of Criticism*）(Princeton, N. J., 1957), p. 53 請參考溫賽德（W. K. Wimsatt, Jr.）《字質的符號》(*The Verbal Icon*) (Lexington, Ky., 1954), p xv；欒森（John Crowe Ransom）《寰宇之軀》（*The World's Body*)(Now York, 1938), p. 247 ff；以及衞列克（Rene Wellek）在謝比歐可（Thomas A. Sebeok, ed.）編輯的《語言中之風格》(*Style in Language*) (New York, 1960), p. 414 所撰寫的〈卷後語〉。

分。讀者把自我的一部份投射出去成爲虛構假想的「聽衆」，正是敍述者直接演講的對象；另外部份則作壁上觀，遙聞敍述者演講。就藝術技巧論，我們「理性地失去神智」（《華爾騰》・〈五章孤寂〉）；既把《華爾騰》當作一部美學作品的旁觀者，亦成了一位因其文字而激起行動的實際參預者。變成了一位旁觀者，也就是我們所說的「讀者」，我們可以體會到那位機趣橫生令人愉悅的敍述者的心意；成了一位實際參預者，或我們所稱的「聽衆」，對於梭羅所批評的偏見和短視，必生「心有戚戚焉」之感。《華爾騰》在講詞形式的初稿中，有一位初持對立態度的聽衆：梭羅爲我們杜撰此一角色。〈經濟篇〉前面的三分之一梭羅敍述一羣雜鬵沉默的聽衆皆有此特性，語帶疑慮遲疑。他演講的對象是——「窮學生」，「忿怒的羣衆」，和「貌似富足，卻是赤貧之人，因爲他們攢斂的是滓澱。」此外，梭羅創造一位口若懸河的「對手」，一位能對腌臢鬼祟生活安之若素的「詰問者」。有些「懷疑論者」、「求疵成癖的挑剔者」、「家庭主婦…和耄耋老翁」、「色厲的莊稼漢」、和「工廠主人」等：這些自成一格的人物，皆抱怨梭羅極非慈悲的行爲、耕作方式、測湖的結果、焙麵包的態度、和他要求床單乾淨的程度。對於梭羅湖畔實驗生活較低或更高價值層面而言，這些人的質詰其實是鹵莽無禮。但他們的功用卻是把聽衆（參預者）可能提出的反對意見，預先明晰清楚地縷列出來。梭羅對於這些憤懣抱怨，或以直接批評，或用暗示推衍，運用各種反諷的型式，一一回答：雙關語、矛盾語、諺語的解構、詼莊體（facetious solemnity）、和率直嘲諷等。敍述者和聽衆間戲劇性的關係皆決定了《華爾騰》全書的修辭策略。

這種美學的二分法，特別是在諷刺和勸誡性的段落皆可以見到。當個參預的聽衆，我們疑慮、惶惑、震驚、易被說服；當個旁觀者，我們會因參預聽衆的假設被修辭技巧各個擊破而欣喜。《華爾騰》與人爲善的價值固然不假，但是仍得蘊涵於其全書的藝術成就裏不爲功。即或是對此書有偏見和敵意的讀者，仍會因爲梭羅嘲諷詭辯的能力之鼓勵而成爲旁觀者。對虛構的旁觀者來說，誠如懷特的讚許，《華爾騰》則成了「生命之舞的邀請」❻；有同情心的讀者自全書伊始卽和梭羅携手共舞。

梭羅的矛盾語和《華爾騰》書裏的結構主題緊密契合。我們以「喜劇」一詞指涉此書的敍述情節，就此詞屬性而言，並無不當。我們或可借用傅瑞耶（Northrop Frye）教授在《批評的剖析》（*Anatomy of Criticism*）書中所作的歸類，視「喜劇」爲文學作品情節發展常見的四大類型之一❼。「春天情節」（喜劇情節）以生命的「上昇」爲主要特徵：超

---

❻ E. B. White, "Walden-1954," *Yale Review*, XLIV (1954), p13. 懷特並沒有把「讀者」和「虛構」的聽衆作個區別。

❼ 傅瑞耶（Northryop Frye），p. 169.

越脫離一個被習俗、儀式、專橫法律、和老年人所控制的社會，而到達一個生氣蓬勃且重實用的自由社會……一種自幻想到眞實的生命律動。傅瑞耶的這個剖析令我們想起《華爾騰》・〈結束語〉的一段話，梭羅宣示一位「清醒之人」的喜悅：「全新、放諸四海皆準、和更自由的法則，植根滋榮於他的心靈裡；原來的法則，因其詮釋添具新義；遂能與萬物同遊，莫不逢源，無入而不自得！」就人性的層面來闡釋，《華爾騰》書中之敍述者扮演的正是此種生命的「上昇」；就大自然的層面而言，春夏之交，葱綠蓊鬱的生命，乃自去冬之羈絆掙脫而出，覆述英雄個人的志業，預示聽衆——「尚停滯於幼胎期的人類」——之精神丕變，煥然一新。

依照傳統的喜劇格式，梭羅在《華爾騰》書中亦以二種世界作爲代表：敍述者個人的樂園和他所擯棄之社會荒原。這兩種世界，不論可喜可惡，均有其基本的人物類型和象徵。敍述者是一位品德高尙、逸趣橫生的人物，所言所行皆在建立理想秩序；而聽衆和詰問者是騙子，把「社會最神聖的法則」(《華爾騰》・〈十八章結束語〉)視爲圭臬，奉行如儀。這種丑角型人物好作吹噓、憤世嫉俗、甚或行爲卑鄙，常是耄耋老者，反對英雄建立和諧之努力；然而當英雄功成名就時，仍會邀請老者進入理想秩序中。《華爾騰》中德彰而機智的敍述者，自鄙瑣的社會退隱，返歸湖畔蒼鬱的森林世界；他靑葱的田園殿堂皆出以潤濕、無羈、健康、清醒、豐饒、和誕生等意象；而他所擯棄的社會則出以塵埃、禁錮、疾病、盲瞽、倦怠、和死亡等。利用這些象徵素材，梭羅建立了他似反實正的矛盾語。梭羅運用文字攻擊舊社會，認爲其中所包容的「懈怠腐朽之德行」，其實和「惡行」同等荒誕，於是加以嘲諷叱責。田園況味的段落中，梭羅詳實記載並且謳歌他簡樸的「新生」(vita nuova)，論述的語調則成瞑想或狂喜。

三

但是《華爾騰》裏「虛構的讀者」畢竟仍屬萬丈紅塵或蒼凉荒原。儘管不滿意，他們依然攀護此種生活與其價值觀，對梭羅在華騰湖畔所作生活實驗的實際和精神之優點，則懵然不知。敍述者絕非恨世隱者；他願意公開自己所體驗的更和諧更高貴的生活。他的文字目的在於：利用矛盾語最重要的修辭功能，俾讓「讀者」心存「必要的懷疑」。房子不是人人珍愛嗎？梭羅稱其爲牢獄、濟貧院、棺槨、和族塚；務農呢？只是自掘墳墓。器皿和家畜呢？畜牲是人之主人；非人爲畜牲之主人；人不過是他們「工具的工具」。傳統學識和哈佛大學的教育呢？梭羅敍述爲「智慧的阻礙」。攢聚錢財、積穀防饑、汲汲營營，卻正是勞苦罹病的主因。精緻時髦的衣物是外在的裝飾，遠比原始人臉上的刺青或紋身更加野蠻，因爲衣物僅止於「粉飾表面」而已。屋主奢華之室內裝潢是覊縻物主的圈套陷穽。工業文明奇蹟的鐵路，終究是一種比走路更慢的交通工具。宗教呢？梭羅對虔誠的會衆說，只是「上帝的詛咒」與對自己的懷疑。商業景氣是現代人文化的堡壘，卻是人類步向地獄的捷徑。簡言之，梭羅認爲「鄰居所稱譽讚美的事物，有大部份在我的靈魂深處認爲是惡劣醜陋；我若有憾事，那就是鄰居們稱訣的善行。是什麼魔鬼附身令我有如此善行？」諸如此類的矛盾語皆以精彩絕倫的幽默感出之，顚倒混淆逆轉了讀者的觀念。毫無疑問，敍述者自承與尋常人扞格齟齬——可是並不失理性。梭羅自鑄新詞，蘊義精微，只是虛構的讀者卻無法瞭解。

梭羅借嘲諷性的矛盾語「曲解」逆轉讀者的字彙，同時他還運用幾個關鍵術語來描寫華騰湖畔生活實驗的特殊價值。例如說，梭羅一向瞧不起商業，他卻願意和「天國」作賺錢的交易。在此種第二類之修辭技巧中，梭羅仍以反諷方式運用了象徵和觀念齟齬的意義。但是此種矛盾語在功能上和嘲諷性的矛盾語不同。此類矛盾語將超越主義者的世界、自然和簡樸的觀念用絕望的人只見「表相」之方式表達。梭羅自詡他的生活實驗是一行「生意」，並廉價售出發抒而成的書籍，令讀者驚詫駭目之餘更是一籌莫展。利用這種看似不妥其實貼切的語言，梭羅明示他的「生活」和鄰居生活的不協調，他同時還列舉有趣的雷同之處。他的「買賣」和商人的買賣相同，必得冒險，需要毅力，也有心靈報償的誘惑。〈經濟篇〉和

〈種苣〉二章裏關於統計數字的段落語義繁複而詭譎：這些段落一方面闡釋敍述者以子之矛攻子之盾，打擊節儉成性的美國佬；另一方面則諷刺美國人的錙銖必較。梭羅強調一個人若能減低世俗的需要就是成功這個論點，同樣是似反實正的矛盾語——把成本降低以提高利潤之商業理論作一奇特的類比。他說簡樸生活要細心地培養和謹愼地維護，以強調此種一反傳統之經濟原則：「讓我一貧如洗，始能享受眞正財富。」他同時把一位詩人農場的豐收，和「相形之下」毫無價值的金錢收成，作一對比；他急於在莊主的「改良」破壞了田園以前，獲得哈樂葳農莊。此類矛盾語還包括下列數種：梭羅常用有關銀幣、寶石、和稀有金屬的文字，敍述魚類、草莓，或其他「尋常」的自然事物；把卑微的愚人稱譽成鴻儒碩彥；他深信森林和湖泊皆是宗教神殿；把工作形容成「嬉戲」，孤獨說成高朋滿座。有幾段更有着濃厚《聖經新約》的境界：「唯有當我們迷失了，也就是說，惟有當我們喪失了世界，我們才會開始尋找自我。」「華騰湖一度死亡又再復活。」所有這些看似矛盾的語言，成功的烘襯出《華爾騰》中借物起興抒發胸臆的表達模式——物來就心——也就是梭羅一再宣示「宇宙一貫而馴服地屈就我們的觀念」一說（《華爾騰》．〈第二章我生活的地方〉）。最高潔最誠摯的觀念則能衍生了最高貴的生活。

矛盾語本質上是一種質詰辯證的技巧，因此也是《華爾騰》此一高度辯證作品裏統一文體的要素。總之，這兩大類似反實正矛盾語表達了《華爾騰》的喜劇架構和其中的兩大主題——勞苦焦慮之惘然與睿智簡樸之高妙。在第一類諷刺性的矛盾語中，梭羅把讀者的「善事」說成「惡行」，「自由」說成「奴隸」，「生命」說成「死亡」；第二類矛盾語，在文字技巧上類似保樹孟(Sherman Paul)所說的《華爾騰》之變形蛻換，認爲自然和超越的生命價值乃產生於讀者斥爲「無價值」之物象中⑧。於此諸般矛盾語裏，醜陋裏蘊藏著美麗；寓珍寶於瑣細之中；寄春天的生命於死亡的外表之下。

隨着全書的進展推衍，這兩類矛盾語的使用比例逐漸產生變化；前半部書的修辭多半是激烈譴責勞而無功的生活；而後半部的修辭則兼有寧靜、戲謔、和狂喜。梭羅將〈經濟篇〉裏尖酸諷刺和嚴詞斥責，筆勢驀地一轉，變爲〈春天〉和〈結束語〉裏的積極肯定樂觀歡欣，彷彿他和讀者之間已有逐增的和諧默契。梭羅從局外旁觀一變而爲寬宏仁慈的劇中人；身邊圍繞着明理與熱愛生命的人。綜觀全書修辭與主題的發展，攻擊變成了舞雩。急管繁弦的調子復歸莊穆平和。

---

⑧ 見 Sherman Paul 的著作《美國之涯：梭羅內心之探險》(*Shores of America: Thoreau's Inward Exploration*) (Urbana, 1958), p. 89.

四

從研究結構回歸到字質的探討，我們可以摘錄《華爾騰》裏矛盾語效果彰著的段落細加討論。以下是從〈我生活的地方；我爲何生活〉所引的一段文字，相信可以說明梭羅高妙的知性鑑賞力與他對爭論性意見幽默的駕馭：

我們沒乘坐鐵路，鐵路倒乘坐了我們。你難道沒想過，鐵路底下的枕木是什麼嗎？每一個都是人，愛爾蘭人，或北方佬。鐵軌就鋪在他們身上，他們身上又舖了黃沙，而列車平滑地馳過他們。我向你保證，他們睡得真熟。隔了幾年就換上新的，車輛又在上面奔馳了；若有人能在鐵軌上愉快地乘坐通過，必然也有人，不幸是在下面被人乘坐通過。當他們奔馳經過了一個夢遊的人，一塊越位的多餘的枕木，他們只得停下車子，吼叫不已，好像這祇是一個例外。我聽到了覺得真有趣，他們每五里路派定了一隊人，要那些枕木安份；保持應有的高低；由此可知，他們有時還會站起來呢。

"Sleepers" 這個雙關語，同時指「枕木」和摸黑趕鋪枕木的「工人」，大大地烘托了

「我們沒乘坐鐵路，鐵路倒乘坐了我們」的矛盾語。而短捷的三句話：「人：愛爾蘭人：或北方佬」的重覆敍述，畫龍點睛式的猝示，刻意把不幸的工人和幸運的乘客聯結在一起；他們同是人類大家庭的成員。火車乘坐人類，也就是說，人類發展鐵路事業，成天在鐵道上奔波徒勞，生命愈顯出墮落敗壞。人的生命變成一種死亡的形式；他已經象徵性地被埋葬，像他用黃沙覆蓋的鐵軌一樣。人可能「埋葬」或「昏睡」數年之久；只要枕木，「堅實的枕木」，仍然完整不朽。梭羅說：「若有人在鐵軌上，愉快地乘坐通過，必然也有人，不幸地在下面被乘坐通過的。」梭羅反諷地暗示着豪富劣紳的冷漠無情，竟然跨在工人新舖的鐵軌上旅行。但是剛開始的時候，我們明白「旅者」也同樣經歷了「被乘坐」的不幸；他們自己既是「堅實的枕木」也是「昏睡的人」。「夢遊的人」被火車撞倒，就像是一位力竭的工人，神智昏瞶良知痲木地走在鐵道上，一如走在人生道路上。梭羅稱他爲「一塊越位而多餘的枕木」，再一次將「枕木」比喻成愚昧魯鈍的木頭人。然而「越位」這句話卻隱涵了另一層新的矛盾語：他根本不用愚昧而昏睡的走在鐵道上，保持直立之姿；或許他應該乾脆放棄工作，而和「枕木」相偕並躺。然而，人的不幸卻會引起「叱叫不已」。就鐵路的「經濟」價值論，他應是「枕木」而非「昏睡的人」。被火車撞倒輾壓，或學「枕木」的樣子長眠地下，放棄徒勞無益的舖軌生涯，是退隱也是「清醒過來」。因爲，若將工人的生命「比喩」

成死亡或長眠；那麼，他「眞正」的死亡，生命的終止，正是一種「誕生」或「覺醒」。梭羅最後描敍枕木「不安於位」，暗示着舖軌的工人，有朝一日也能夠迎向黎明，昂然挺立！

五

在結束本文之前，我們仍需扼要地敍述超越主義對「本質」（What "is"）與「外象」（What "appears to be"）的區別，或可更深刻地明白梭羅修辭技巧的基礎；這種區別在在反映於「表面」與「表面下層」之現象的對比裏。敍述者追逐潛水鳥或鱈魚時，他追逐的是更高貴的眞理。「常識」捕捉的僅只於膚淺的表象；誠摯的追逐眞理，以「人類爲獵物與漁獲的獵人和漁夫」，則必須深入表象和挖掘自我。湖水一貫的象徵「自我」，也就是觀察者的眞性。梭羅在此處仍舊是先「沈潛」而後「飛揚」——在黑魆魆的深夜，梭羅的釣絲落在黑湫湫的潭水底，而他的思維正遨遊「於其他星體廣邈而宇宙性的主題中」，有如天馬在六合內外飛騰，在廣濶無垠的世界，馳思萬里，倏忽縱恣。鱈魚牽動魚餌又把他和大自然繫爲一體；當魚蠕動着浮了上來，心智以直覺觀萬象；如此彷彿用一支釣鈎捉住了兩條魚似的。魚鈎的數字，法有定規，「但是，立法者不知道釣鈎可以釣起湖上風光，立法反成了釣餌。」梭羅實際上已精通「垂釣」之道；他犧牲社會制度以尋求自我，追尋眞理。梭羅又用了類似的矛盾語，承認「獵沙鷗和山鷸……是稀罕的運動；但我相信射擊自我卻是一樁更高貴的遊戲。」

〈結束語〉一章似反實正的修辭矛盾語最是豐富，宣揚了「新生活」的美好遠景：「人生活愈簡單，宇宙規律也愈簡單；寂寞不成其爲寂寞，貧困不再是貧困，軟弱將不復軟弱。」全章的最高潮是兩段戲劇化的矛盾語，變形的寓言。在第一則寓言裏，珂洛城一位名垂千秋的藝術家，代表梭羅所讚揚奔放自如的人類精神，在其周遭創造一個嶄新輝耀的世界。第二則寓言的題材不如前者脫俗，但是其所隱涵的意義卻更加深邃奧妙：這一則寓言敍述爬蟲，有一天「突然自社會中最平庸瑣屑，鄰人餽贈的傢俱中」振翅而出；於悠遠的蟄伏長眠之後，享受了一季美麗而飛躍的生命。《華爾騰》藉一系列象徵與矛盾的警句猝示，結束了全書：「惟有清明的神智，方能帶來黎明……太陽不過是一顆曉星。」

孤標傲世偕誰隱

——梭羅論衡

亨利・大衞・梭羅（Henry David Thoreau, 1817-1862）是美國文學史上的傑出作家之一；他的扛鼎鉅作《華爾騰》（*Walden, or Life in the Woods*）是一部負絕獨特的生活實驗自傳式的記錄。在兩年近似孤獨的生活中，僅靠自己胼手胝足的生產度日，剩餘的光陰用來潛心思索自然、人類、和宇宙。梭羅在華騰湖濱的生涯，終因其形諸文字之洗練優美與思想之深邃眞摯，而永垂不朽。梭羅自築茅廬，索居湖畔，以血肉之軀與寂寞的砂石相摩，冀望自己是一粒回映八荒警醒人類的明珠；將湖濱林中的冥想深思所得之生命的眞諦揭示給全人類，並在濁世中叩寂寞以求桃源。

本文綜述作者生平作品梗概，並以較多的篇幅剖析其最重要的《華爾騰》。梭羅伏首寫作，窮九載之功，削刪斧正，芟除枝蔓，運用各類文學技巧，以絕妙生花之筆敍述其思想與經歷❶。他這種刻意求工，千錘百鍊的結果，使讀者浸淫在他的文字裏成了一樁心曠神怡的樂事。

除了《華爾騰》這部作品，梭羅還撰寫了其他著作，記載了其所見所思所聞的宇宙萬象的多面性；他記述康柯德的自然史，城鎮居民生活的點點滴滴，讀書的心得劄記；並且還記載他對當代一般的道德、科學、和精神問題的思索感觸。散文作品之外，梭羅尚留下洋洋灑灑二百萬字的日記、書簡，以及兩百餘首詩等，這些皆為梭羅面對長串歲月沉思與觀察所遺下的記錄。

整整歷經一個世紀，梭羅才躋身美國偉大的經典作家之列。但是即使在今日，梭羅仍然無法博得大衆的喜愛；他一向不是通俗作家，作品亦很難獲得女性讀者青睞，而且恐怕將來也不會是。梭羅吸引個人，而非大衆。甚至於在某些社團或國家中，梭羅還因其政治、社

❶ 參閱 Thomas Woodson, "Thoreau's Prose Style" (Yale Univ. Press, 1963); Woodson, "The Two Beginnings of *Walden*: A Distinction of Styles" (*English Literary History*, 35, 1968), 440-73; Herman L. Eisenlohr, "The Development of Thoreau's Prose" (Univ. of Pennsylvania, Ph.D., 1966); Philip W. Eaton, "The Middle Landscape: Thoreau's Development in Style and Content" (Arizona State Univ., Ph. D., 1971).

會、和經濟的觀點，而被視為「不受歡迎的人物」（*Persona non grata*）。蘇聯和東歐的國家，一向把他的作品列為禁書，就是一項饒富深意的事實。不論梭羅吸引個人或大衆的程度如何，他所撰寫的關於如何維護自由的書籍和散文，成了世界上論述個人獨立價值的偉大典籍。在今日唯組織是從，個人自由不斷遭受削減的時代，他的主張確實有發人深省之處。而在關懷生活基本價值的思想者心中，梭羅更有其無可摧夷之地位❷。誠如愛默生（Ralph Waldo Emerson, 1803-1882）在梭羅逝世後所作的讚揚：「他的靈魂乃為最優秀最高貴之靈魂而生；在短促的生命中，他擅專了世上的多種能力；只要是有學問、有德行、有美的地方，那就是他的家。」

一　傳略

亨利・大衛・梭羅生於一八一七年七月十二日，麻薩諸塞州，康柯德鎮郊他家的一片農莊裏。他的祖先混合有蘇格蘭、法國與英格蘭的血統。梭羅的祖父在美國獨立戰爭（一七七

❷ Milton Meltzer, ed., *Thoreau: People, Principles and Politics* (New York, 1963); John Hicks, ed., *Thoreau in Our Season* (Amherst, 1966); Glen W. Mckay, "Self-Definition, Conscience, and Growth: The Political Standpoint of Thoreau" (Univ. of California, Santa Barbara, Ph. D. 1976).

五—一七八三）以前移居美國，一直是波斯頓商場中活躍的富賈；但是他父親缺乏祖先長袖善舞的理財能力，經商連番失敗，耗盡所有留下的遺產；家道中落，終使梭羅全家蹭蹬貧困一生。梭羅有一長兄名叫約翰（John）；另有姐姐海倫（Helen）和幼妹索菲雅（Sophia）❸。

在梭羅童年時期，家庭的經濟狀況依然蹇澀困頓；一八二三年，他父親終於決定從事鉛筆製造業。從此才有了比較固定的收入。梭羅青年時期的生活細節，鮮爲外人知曉；大約與十九世紀新英格蘭地方的其他青年無異。梭羅家人率皆腹笥便便之士，家中藏書甚豐，對他極盡啓廸激勵之功。一八二七年，梭羅年僅十歲，但已寫出第一部作品：《四時迢遞日日新》（*The Seasons*）。文中已揭露了他對自然萬象濃郁的興趣與運用文字的嫻熟和想像力的縱横恣肆。也許由於他過人的智慧和斐然的文采，梭羅取代哥哥約翰被送到大學唸書。他曾在康柯德高中接受紮實的基礎教育，並在一八三三年進入哈佛大學。

梭羅的大學生涯，大致說來平實無奇；但他與同學之間的感情彌篤，時常加入他們嬉遊

❸ 有關梭羅早期的生平介紹，請參閱 Walter Harding, *The Days of Henry Thoreau* (New York, 1965) 和 Emil Freniere, "Henry David Thoreau: 1837-1847" (Pennsylvania State Univ., Ph. D., 1961).

討論的行列。在班上的成績表現，本來是相當優異；但是大三時的一場重病，大大的影響了總成績。一八三七年自哈佛畢業之後，他卽回到故鄉康柯德鎮只有一間課室的小學校教書；由於他秉性強項，時作異端之談，堅持不肯鞭撻學生。但是人人知道不用教鞭，學校就絕對辦不好。校董會容忍了兩個星期，然後對這個年輕教員攤牌。不用教鞭，就要免職。梭羅表現了他一生崇尚的絕對個人自由，隨意挑選了六個學生，用教鞭裝模作樣地打了幾下，然後寫了一封不客氣的辭呈，認爲校董會堅持施行體罰乃是校方粗鄙地干涉他的教學❹。那大概就是這位美國偉大博物學者及文學家一生唯一的專任職業。梭羅在此後所做的事，都是不必仰人鼻息，可隨意鑽研學術的工作。他製造鉛筆，採越橘，割乾草，演講，做散工。在他辭職以後不久，梭羅曾和其兄約翰在康柯德鎮上設立一所私立學校；由於梭羅兄弟開明而現代化的教育方針和目標，辦得極爲成功。他們的學校招生毫無困難，時有人滿之患；許多當地權貴子弟皆成了他們的學生，並有外地來的人寄宿在梭羅家中。他們當時所採用的教學法正是二十世紀最進步的「啓發式教育」制度。他們堅持不體罰學生；而且有許多課程皆安排於戶外進行，儘量與現實生活打成一片；朝著「生活卽教育」的原則辦學。然而在一八四一

❹ 有關梭羅的教學經驗和教育理想，參閱 Anton Huffert, "Thoreau as a Teacher, Lecturer, and Educational Thinker." (New York Univ., Ph. D., 1951).

年，幫助梭羅教學的哥哥約翰病倒了，學校只有中輟停辦。

梭羅一生中唯一的戀愛就發生在這個時期。一八三九年他邂逅一位名叫愛倫·西華爾(Ellen Sewall)的年輕女子；當時她正到康柯德鎮來避暑。不意梭羅和他哥哥竟同時愛上她；只是梭羅當時不明就裏，根本不知他哥哥原來也動了心。第二年七月他哥哥約翰曾到她家造訪，並向她求婚；終爲她所婉拒。若非愛倫的父親——一位「唯一神格派」(Unitarianism)的牧師不答應她下嫁給這一位異端激進的哲人(當時「唯一神格派」和「超越主義」(Transcendentalism)兩派論戰方殷，而梭羅本人卻是激烈的「超越主義者」)，她很可能會答應梭羅的求婚。一八四四年，她嫁給另外一位牧師，梭羅的初戀終成浩渺雲煙。而後兩人卽未曾再行謀面；此椿挫折的愛情對以後的梭羅影響如何，意見紛紜。常見的一種說法是：隨著歲移時易，此椿愛情對梭羅而言，已逐漸自昔日眞實感情的經驗，昇華成他的愛情哲學觀。

大約在一八三五年前後，愛默生這位超越主義的大宗師遷到康柯德鎮。在結識梭羅之後，倆人旋成契友。由於在許多方面共持相同的論點，梭羅常被看作愛默生的一個平庸的及門弟子；事實上不然，縱使雙方皆從對方擷取長處，相互仰慕對方的優點，但皆各自保存了獨立的思想。梭羅曾對愛默生的續弦夫人麗蒂安·傑克遜(Lidian Jackson)極爲仰慕，且產生了柏拉圖式的愛情[5]。一八四一年愛默生邀請梭羅同住，交換條件是要梭羅做些家裏和花園等零碎工作。此時愛默生正好主編一個重要刊物《日晷季刊》（*The Dial*）；在他的熱心提攜指導下，梭羅很快地成了雜誌固定的執筆者，並且還逐漸負責編務。他也開始把文章和詩篇投向其他的刊物雜誌。透過和愛默生的深切友誼，梭羅認識了不少當代文壇作家名流和知識份子，包括霍桑（Nathaniel Hawthorne, 1804-1864）、艾爾考特（Bronson Alcott, 1799-1888）、謙寧（Ellery Channing, 1780-1842）、和傅勒（Margaret Fuller, 1810-1850）等。

一八四二年，梭羅摯愛的哥哥約翰去世。情深手足，而今幽明異路：「如彼遊川魚，比目中路折。」無怪乎梭羅悲慟異常[6]。為了幫助梭羅有機會觀察到更開濶的世界，愛默生在紐約的斯達騰島（Staten Island）為梭羅找到家庭教師的職位，梭羅在一八四三年搬到該

---

[5] Raymond Gozzi以佛洛伊德心理分析的手法，說明梭羅的戀母情結(Oedipus Complex)。麗蒂安只是一個他愛慕的對象而已。"Tropes and Figures: A Psychological Study of HDT" (New York Univ., Ph. D., 1957); Harding, *HDT*: *A Profile* (Boston, 1971), pp. 150-87; 和 Carl Bode, "The Half-Hidden Thoreau" (*MR*, 4, 1962), 68-80.

[6] Max Cosman, "Apropos of John Thoreau" (*American Literature*, 12, 1940), pp. 241-43; 和 Joel Myerson, "More Apropos of John Thoreau," (*American Literature*, 45, 1973), pp. 104-6.

地。住在紐約期間最大的收穫是結識《紐約論壇報》（*New York Tribune*）的編輯葛瑞理（Horace Greeley, 1811-1872）。葛瑞理對這位年輕作家印象深刻，不久之後還成了他的著作經紀人；葛瑞理不僅替他辦理出版事宜，並且隨時在《論壇報》上爲他的著作鼓吹。但是，梭羅在紐約停留了數月之後，居然因爲懷念家鄉而離開。

回到康柯德鎮上，梭羅和昔日的詩人好友謙寧，交往愈形密切。倆人雖在個性上南轅北轍，但在喜愛大自然與戶外生涯以及對文學的興趣，卻是意氣相投。終其一生，梭羅與謙寧成了莫逆之交。

一八四四年發生了一件重大的事情，嚴重的損害了梭羅在康柯德鎮的令譽。梭羅和他的朋友侯爾（Edward Hoar）在烹煮捕獲的魚時，不意造成了康柯德森林大火。梭羅急忙奔回鎮裏求救；但是，隨後他不但未隨鎮民和救火車回程撲救，反倒站在災區附近山崗頂端，袖手旁觀，一恁大火蔓延下去。此舉引起鎮民的側目與抱怨；若非他的同伴是鎮裏名流之子，他一定會被起訴。

時轉歲易，逆境催人，梭羅在康柯德鎮上住得愈加抑鬱不樂，時時想過著簡樸孤獨的生活。最感沮喪的是，汲汲營營爲稻粱謀早已使他無法專心致力於寫作。愛默生和他的好友皆鼓勵他實踐這個計劃；一八四五年的七月四日，梭羅開始在康柯德的華爾騰湖畔的一所木廬中隱居了二十六個月，過著孤標傲世獨居林中的生活，這是美國文學史上非常有名的一件事。他這樣做，是要證明一項理論：只要人們肯過簡樸的生活，把所有與生活無關的活動完全擯棄，人活在這個世界上，不是苦，而是樂。過度追求物質文明，人必作繭自縛而喪失其爲萬物之靈的地位。若能多和大自然接近，重新過著返璞歸眞的生活，必能發展人類的最高天性。在他湖濱獨居的二年中，梭羅寫出光芒萬丈震古鑠今的文學作品，教導我們怎樣眞正享受人生。第一部書是《康柯德河與梅瑞麥可河上一週遊》(*A Week on the Concord and Merrimack Rivers*)❼，這本書是紀念他和已經去世的哥哥泛舟河上的經歷。並且完成他的鉅著《華爾騰》的初稿以及其他文章多篇。一八四六年七月，當他仍住在湖濱時，他曾因拒絕付稅而被捕，那時美國正和墨西哥作戰，但他認爲這只是美國南部蓄奴區地主們的

---

❼ 此書增刪的情形，請參閱 Carl Hovde, "The Writing of HDT's *A Week on the Concord and Merrimack Rivers*" (Princeton Univ., Ph. D., 1956); "Literary Materials in Thoreau's *A Week*", (*PMLA*, 80, 1965), 76-83. 和 Mary Suzanne Carroll, "Symbolic Patterns in HDT's *A Week*" (Indiana Univ., Ph. D., 1975); Gail Baker, "The Organic Unity of HDT's *A Week*" (Univ. of New Mexico, Ph. D., 1970); Rosemary Whitaker, "*A Week*: An Experiment in the Communication of the Transcendental Experience" (Univ., of Oklahoma, Ph. D., 1970).

戰事，因此拒付國稅以示抗議，結果遭受拘捕，在獄中過了一夜。這次坐監的滋味使他徹底檢討了個人和國家的關係；並且口誅筆伐，寫出了一篇雷霆萬鈞的時評〈論不服從的義務〉（*On the Duty of Civil Disobedience*），更簡單一點的說就是〈不服從論〉或〈和平抵抗論〉（*Civil Disobedience*）。梭羅在這篇論文所揭櫫的中心思想，是闡明他理想的政治主張。他認爲政府應該「無爲而治」，千萬不可以干涉人民自由；而當政府施用壓力，強迫人民做他違反良心的事情時，人民應有消極或和平反抗的權利。

一八四七年的九月六日，梭羅離開了華爾騰。遺世隱居了兩年多，生活實驗已告一個段落，目的達到，繼續住下去自然會失去初來此地的宗旨，因此他決心離開，重新步上新的人生旅程。他如是說：「我離開林野，正和我進入林野，有著同樣充分的理由。我覺得也許我有幾種生活可過，不必爲一種遺世隱居的生活化費更多的時間。」離開湖濱以後，梭羅傾其餘生繼續寫作，並且在「康柯德講座」（Concord Lyceum）上發表演說，由於題材搜羅得十分豐富，再加上他幽默雋永的談吐，每次演講皆極受歡迎，他並以此爲生，繼續到各處講學多年，足跡遍經新英格蘭和費城各地。另外因爲梭羅生平喜歡旅行，到過不少地方：三度遠足遊歷緬因森林（Maine Woods）以及佛蒙特森林（Vermont Woods）；四度遊歷麻州的科德角（Cape Cod）；和謙寧到加拿大住了一個星期；他還常去新罕布夏州（New

Hampshire）的蒙納德諾克山（Monadnock Mountain）和白嶺（White Mountains）等風景秀麗的地區。這些旅行供給他豐贍的寫作材料，後來皆成了他文章、講演和書籍的基礎。收集成册的有《遊踪掠影》（*Excursions*）、《緬因森林記遊》（*Maine Woods*），和《科德角記遊》（*Cape Cod*）等書。梭羅偶而還擔任測量員，因爲他喜歡這個孤獨遺世，能在戶外接近大自然的職業❽。

梭羅的扛鼎鉅著《華爾騰》終於在一八五四年八月，透過愛默生的極力推薦而由「狄克諾與菲爾滋」書局出版（Ticknor & Fields of Boston）；當時評論家對於這本書的褒貶皆有；但是因爲葛瑞理在《紐約論壇報》上刊登了許多篇本書的摘錄，使得書籍銷售的情形極佳，在發行後的五年裏就幾乎售罄了初版的二千册；梭羅的聲譽鵲起。《華爾騰》所得的佳評，使得不少年青作家和思想家等，一味仿效，自稱是梭羅的忠實信徒：如芮克生（Daniel Ricketson）和韋理（B. B. Wiley）等。在此同時，梭羅開始主動地參預反奴隸制度

---

❽ Philip and Kathryn Whitford, "Thoreau: Pioneer Ecologist and Conservationist" (*Scientific Monthly*, 73, 1951), pp. 291-96; William J. Wolf, *Thoreau: Mystic, Prophet, Ecologist.*(Philadelphia, 1974), pp. 145-66; Kathryn Whitford, "Thoreau and the Woodlots of Concord" (*NEQ*, 23, 1950), pp. 291-306.

運動，雖然他從未眞正參加反對奴隸制度的任何組織，或成爲正式的廢奴論者（Abolitionist），但他卻握起如椽巨筆，發出力若千鈞的人道呼聲；仗義執言，首先爲約翰・布朗（John Brown）的事件辯護——一八五九年，布朗等突襲維吉尼亞州的哈潑斯渡口（Harpers Ferry）兵工廠，企圖奪取武器，解放並武裝當地黑奴，引起軒然大波，布朗終於被判絞刑。梭羅以實際行動支持這位思想激烈的「叛徒」，在死刑宣佈後，在康柯德鎭大會堂發表演說〈爲布朗上尉請命〉（*A Plea for Captain John Brown*）；甚至在布朗死後，還親自跑到鎭上大會堂敲鳴大鐘，召集民衆開特別追悼會。梭羅還曾幫助一個逃跑的黑奴，逃到加拿大去。一言以蔽之，梭羅不僅是一位「追求個人內心和諧」的思想哲人，而且還是一位言行一致，敢作敢爲，不與時代陋俗妥協的實踐者。

於此同時，梭羅對科學的興趣更趨濃厚。在對自然森林觀察研究中，他撰寫了一篇頗有見地的論文：〈論森林樹木之輪植〉（*The Succession of Forest Trees*）；並且在一八六〇年的「密得塞農學會」（The Middlesex Agricultural Society）上發表；在此論文中他闡釋了樹林成長的原則。這可說是梭羅對博物學的主要貢獻。

梭羅身體單薄，一向肺弱，又因爲冬季在街頭散步談話，受了嚴重的風寒，終於併發成了急性肺疾。一八六一年五月間他還不顧重症纏身，扶病到明尼蘇達州去遊歷一番，那時他的身體已經非常虛弱。七月梭羅回到康柯德鎮，明白自己不久人世。一八六一到六二年多天，他開始全心全意修改和潤飾尚未發表之講詞和文章；他雖想完成未竟之作，並要求他妹妹索菲雅筆錄，然而一切奮力之爲已成絕響。纏病許久的梭羅終於在一八六二年五月六日於世長辭⑨。在他病入膏肓之際，有人問他曾否想過那另一個世界，梭羅答道：「一生只想一個世界。」問他是否已同上帝和好，他回答說：「我從未和祂吵過架呢。」

梭羅一生煢獨未婚，但是前去悼念的人包括許多朋友和景仰者，以及親人。愛默生在葬禮中還發表了那篇有名的誄辭，對他的早逝極表哀思：「國人還不知道，或者極少知道，他們喪失了一個如何偉大的人。讓他賫志以歿，而又無人能憬悟其願，克竟全功，似乎是一種罪惡；對於這樣高貴的靈魂，還沒眞正讓其同胞體認他潔行高蹈所樹立的風範，就辭世人間，又彷彿是一種侮辱。」至今我們閱讀他的著作，隨便翻開一頁，都有不變如青山，新穎如來日的珠璣之言。他的思想精微深邃，文字簡潔犀銳，光芒萬丈的文學鉅著，震撼人類，早已成了「追尋人類最高天性」者的指標；梭羅以身作則的高蹈潔行以及號召生活的歸眞返

⑨ 有關梭羅晚年及病逝後的葬禮敍述，請參閱 Louisa May Alcott, *A Sprig of Andromeda* (New York, 1962), 以及 Raymond Adams, "Thoreau's Burials" (*American Literature*, 12, 1940), 105-7.

璞，更爲後人樹立永世不朽的風範，歷久彌新，影響深遠。

二　梭羅的主要作品

1.《康柯德河與梅瑞麥可河上一週遊》(*A Week on the Concord and Merrimack Rivers*)

這是梭羅生前出版的第一部書；記載他和已逝的哥哥約翰於一八三九年秋天所作的一次回味無窮的旅行。根據一八四〇年六月十一日的《梭羅日記》，梭羅是這一天開始執筆；其間幾經修改潤飾，增補刪略。愛默生並且在一八四七年十二月二日從英格蘭寫信來，鼓勵他出書。大約在一八四八年左右，梭羅終於決定自費由孟羅出版社 (James Munroe of Boston) 發行；由於梭羅又重新校對出千餘處的謬誤[10]，正式的出版遲至一八四九年五月。

全書分爲七章，每章繪述一天的生活——包括天氣的變化，情緒的起落，和讀書心得等，描寫細膩生動，絲絲入扣，可說是一本情文並茂的傑作。在本書中，梭羅把實際上是兩週的河上行縮短爲一週，並以週一、週二、週三……等七日爲每章之題目。在在顯示出梭羅

[10] 有一部《一週遊》的索引，十分有用。James Karabatsos, *A Word-Index to A Week* (Hartford, 1971).

喜歡運用「時序的循環輪替」爲其作品的基本結構。當梭羅駕駛小舟順流而下時，希臘、羅馬、印度、與中國皆自遙遠的過去齊奔滙聚於眼前，凝聚縈繞在泛舟於康柯德河上的梭羅思想中⑪，在這個時刻，時間與空間對梭羅而言，已融合成一不可分的單元。透過梭羅倏忽縱恣的想像，讓我們進入一個廣濶無垠的世界，馳思萬里，不受窒礙。

《河上一週遊》題材豐贍，搜羅甚廣，而文采仍不失生動簡潔。若說還有瑕疵，只能說梭羅在此書中略帶濃厚的「書卷氣」(literary-minded)。書中夾敍夾議，主題具體而凝鍊，其中包括了：康柯德河裏的魚類研究，寓言，基督教，論詩，饒列爵士小傳（Sir Walter Raleigh, 1552?-1618），論革新，談印度詩人，歷史，神話，友誼，遠足，論歌德（Johann Wolfgang Von Goethe, 1749-1832），家畜展覽一瞥，和喬叟（Geoffrey Chaucer, 1340?-1400）等等；而且梭羅還將他的四十八首創作詩和一二六段引文，斧鑿無痕的融入書中。

---

⑪有人將《一週遊》視爲遊記：Robert Sattelmeyer, Jr., "Away from Concord: The Travel Writings of HT" (Univ. of New Mexico, Ph. D, 1975)；也有人視之爲史詩或田園詩：Brian Bond, "*A Week*: Thoreau's Epic Venture" (Bowling Green State Univ., Ph. D., 1972).

這樣一本涉獵廣博的書在當時卻不受歡迎，可能是因爲內容涉及基督教的部份有褻瀆不敬之嫌。譬如他說：「在我的廟堂裏，希臘牧神仍一貫以其原始之貌統治」；「據我看，在文明國家裏通常被奉爲神祗者，絲毫不帶一點兒神性」；「一個人要不做基督徒才能欣賞耶穌一生的美麗和意義」；「我最愛閱讀各國經典，不過我對印度、中國、波斯的經典還比希伯來《聖經》來得更熟悉些」；「當一個人走進村落時，舉目望去最醜陋的建築就是教堂」。梭羅此等近似謾罵的激烈言論不僅激怒了他的同胞而且還嚴重影響此書的銷路。

雖然他的作品裏談到教會和牧師時語氣略帶譏誚嘲諷，但他是一個絕對信奉「個人內在良知」的人；他獨創一格的思想與生活使他孤立，與社會上有形的宗教隔閡疏離。亞理斯多德早已說過：「一個人的德性一旦超越他那城市中的其他公民，他就不再是那城市的一份子。他們的法律不再爲他制訂，因爲他自己就是法律，他說的話就是眞理。」

2.《加拿大記遊》(*An Excursion to Canada*)

此書敍述梭羅和他的好友詩人謙寧在一八五〇年秋天同遊加拿大的經過。生前曾有部份篇章在《普南雜誌》(*Putnam's Magazine*)發表；連續刊載了三章之後，卻因與編輯寇蒂斯（George William Curtis）意見相左而中斷。梭羅死後，全文再加上其他的雜論結集成書，在一八六六年以《加拿大的美國佬與反奴隸及改革論文集》(*A Yankee in*

Canada, with Anti-Slavery and Reform Papers）爲名出版。

梭羅和謙寧沿途遊歷魁北克和蒙特婁，並順着聖・勞倫斯河（the St. Lawrence）徒步旅行，尋幽探勝。但此書卻是一部「不甚成功」的遊記：梭羅劈頭第一句話就說明了一切：「加拿大之旅，除了染上感冒，别無所獲。」文章的句型結構和字彙往往零亂渙散，斷簡殘篇不成章，並且夾雜平庸拙劣的新聞體。但是也有若干精采優美的片段，描寫細膩，令人回味無窮[12]。例如對當地某些建築，像聖母教堂等的描述，和對英、法兩國對加拿大之殖民政策的比較，仍然顯露出梭羅一貫特有的筆調，語帶幽默，見解深刻。

一般而言，書中的梭羅是一位盛氣凌人，自以爲是的美國佬，以輕蔑嘲諷的眼光看加拿大；因此不免有偏執曲解的敍述與評論。梭羅自己對此篇遊記亦甚感不滿意；在一八五三年二月廿七日，他曾寫信給他的好友布萊克（H. G. O. Blake），其中曾談到對此本書的看法，他說：「我想知道你是否喜歡拙著；自己對此書甚覺不悅，也許根本不值得向你推介。」

3.《緬因森林記遊》（*The Maine Woods*）

此書是梭羅死後出版的第二部書；（第一部書是《遊踪掠影》，在一八六三年出版）經

[12] 參閱 Sidney Poger, "Thoreau as Yankee in Canada" (*ATQ*, 14), pp. 174-77; Edmund Berry, "A Yankee in Canada" (DR, 23, 1943), pp. 68-74.

由他的好友謙寧編輯而成，於一八六四年問世。內容包括梭羅三次遠遊緬因森林的記實：〈珂塔登之旅〉（"Ktaadn"）是一八四六年八月到九月，梭羅仍住在「華爾騰湖」畔時，和表哥柴契爾（George Thatcher），兩位班珂鎮（Bangor）的朋友，以及兩位舟子共遊的經過；〈雀生窖之旅〉（"Chesuncook"），則是一八五三年九月，單獨和柴契爾一道旅行；〈謳勒歌序和東族之旅〉（"Allegash and East Branch"）是在一八五七年七月和八月，和康柯德鎮的愛德華・侯爾的旅行經過。

全書以一序列的旅遊書簡為基礎，沿途報導各地風光。到緬因森林的主要目的是想覓取並且研究該地印第安人生活方式的原始資料；在幾次的旅行中，他認識了幾位印第安人，而且相知甚深成為莫逆之交；如艾提昂（Joe Aitteon）和波利斯（Joe Polis）等。梭羅和他們倆還曾約定：交往必須相互尊重信任，做到知無不言，言無不盡。《緬因森林記遊》並且還搜羅彙編了六頁的印第安文字附錄，因此這本書已成了研究印第安人的民俗傳說和專門術語的最佳寶典⑬。

---

⑬ 研究此書最具代表性的評論是 Fannie Hardy Eckstorm, "Thoreau's 'Maine Woods'" (*Atlantic*, 102, 1908), pp. 245-50; 對於此文略有修正意見的評述有，Mary Sherwood, "Fanny Eckstorm's Bias" (*MR*, 4, 1962, 139-47)。此外，Robert Sattelmeyer, Jr., "Away from Concord: The Travel Writings of HT" (Univ. of New Mexico, Ph. D., 1975) 也同時討論了此作品。

此外，梭羅還夾敍夾議描寫許多緬因區的自然史，包括了該地的樹木，花卉，植物，鳥類，和昆蟲一覽表；對於濫伐林木的工人，梭羅頗多責難，並且提出理想的保育方法。有些人認爲梭羅在此書中是一位想遺世獨居林中，遠離文明的遁世者；事實不然，若你讀到他敍述覊旅林野中竟會有落寞孤寂的感覺時，一定會大覺驚訝。在〈雀生窖之旅〉結束時，梭羅曾這樣說：「再度回到溫和而變化多端的景色裏，不覺令人感到心曠神怡。若要擇地久居，沒有一處蒼茫的荒野可以和此地相埒。」也許，此書並非是梭羅的最佳作品；但是，梭羅能捕捉松林間的情趣於一瞬；林木雲煙，湖光山色，皆能渲染描繪得活潑生動，語涉詼諧而不泥於直述平鋪，仍然值得細加品讀。

4.《科德角記遊》(*Cape Cod*)⑭

這是晴朗燦爛溢滿陽光的一部作品，對於《華爾騰》書中的「引吭高啼的雄雞」心生畏懼的讀者，《科德角記遊》是閱讀梭羅作品的最佳入門書。和《緬因森林記遊》一樣，此書在他死後，始經由謙寧和索菲雅・梭羅編纂出版，時間是在一八六五年。他總共曾到科德角

---

⑭此作有一定版可作參考，亦即 Pudley Hunt (New York, 1950) 所編輯的選集，並附有評註。Alexander Adams, *Thoreau's Guide to Cape Cod* (New York, 1962). 並重新編纂成圖文並茂的遊記。

旅行四次；分別是一八四九年十月，一八五〇年六月，一八五五年七月，和一八五七年七月。第一次和第三次的旅行，曾由謙寧陪伴；第二次和第四次則獨自遠遊。不過此書實際上只包括前面三回的旅行；最後一回的旅行經歷只記載於《梭羅日記》（*The Journal of Henry D. Thoreau*）裏，沒有搜集在此書中。

此書遠比《緬因森林記遊》的結構謹嚴完整；以首次的遠足作爲全書的楔子，而將後兩回極巧妙地融入，情節貫穿，呵成一氣，不落痕跡。有些批評家認爲《科德角記遊》堆積過多未經剪裁的史料，特別是在最後一章，頁復一頁的引用科德角的早期歷史，令人心生困惑頗嫌突兀之慨；也有批評家認爲全書引用太多的希臘文學典故，讓人覺得他有點自炫博學⓯。關於後面這個批評，梭羅曾作如下的說明：「我偶而引用希臘古典作品，因爲它波瀾壯闊一如浩瀚的大海。」

但是，小疵難掩大醇，這篇《科德角記遊》仍然是令人喜愛的書。敍述情節，或白描，

⓯ 研究此著最佳的評述包括了 John McAleer, "Thoreau's Epic 'Cape Cod'" (*Thought*, 43, 1968), pp. 227-46; Suzanne Strivings, "Thoreau and His Sources: A Reading of *Cape Cod*" (Univ. of Texas, Ph. D., 1974); 和 Emory Maiden, Jr., "*Cape Cod*: Thoreau's Handling of the Sublime and the Picturesque" (Univ. of Virginia, Ph. D., 1971).

或諷喻，或直述，或議論皆幽默而富人情味。書中人物的刻劃，不論是歷經滄桑的老船長，或煢獨的嫠婦，村中野老，或和驚濤駭浪搏鬥的漁夫，皆能刻劃得入木三分，性格鮮明突出。而科德角常見的花鳥蟲魚，到了他筆下，更是清暢流麗，生動卓絕，令人掩卷難忘。書中在描繪「永生」，「海」，或「海岸」時，是特別優美的片段；當你可以聽到洶湧的波濤怒吼，「好像梭羅就住在海底的貝殼裏」時，就正是梭羅的文筆最犀利尖刻的一剎那。讀者隨著梭羅神馳意驅。

5.〈不服從論〉(*Civil Disobedience*) ⑯

梭羅非僅是一位孤標傲世的湖濱隱士。除了靜觀林木雲煙，湖光山色，以悟得宇宙天心的眞諦之外，梭羅還是一位關懷人生社會公理的哲人，他的〈不服從論〉最可見其心胸之廣張深入。這篇天風海雨的評論最初在皮芭蒂（Elizabeth Peabody）主編的《美學論叢》(*Aesthetic Papers*) 發表，時間是一八四九年五月。原來的題目是〈論和平抵抗的義務〉(*On the Duty of Civil Disobedience*)，後來就簡化爲〈和平抵抗論〉或〈不服從論〉了。

一八四六年至四七年間的墨西哥戰爭雖告結束，但蓄奴問題仍然十分嚴重。梭羅對於

---

⑯ 此作一般有兩種版本：一八四九年 "Resistance to Civil Government" 版和一八六六年 "Civil Disobedience" 版。學者大都以後面版本爲主。

「逃奴法案」(Fugitive Slave Law) 行將正式實施，更是憤慨，因此故意不繳稅而被捕入獄，以個人行動杯葛政府功能。這幾樁事件綜合起來，終於使梭羅靈感泉湧，發抒為文，欲喚起全國同胞良知的覺醒。

梭羅認為墨西哥戰爭的目的就是把慘無人道的蓄奴制度，強制壓迫在一個新的領土上。因此他不斷的提醒同胞，為什麼還要透過納稅的方式，在財務上支持政府去做這樣不公平而又愚蠢的罪行？一系列質疑辯詰，這正是〈不服從論〉的思想嚆矢。

探究國家與政府的本質時，梭羅最關懷的是個人對國家以及國家對個人的關係⑰。由於考慮這些問題，使得梭羅逐漸對於「個人人格完整」的哲學以及個人在社會中所居地位的觀念有了雛形。梭羅以他拳拳服膺的箴言：「管得最少的政府是最好的政府」開宗明義；進而揭櫫他生死以之的信念：「無為而治的政府才是最好的政府」。「政府」，梭羅寫道：「就其最好的範例而言，不過是一時的權宜之計；但是，大多數的政府卻常常形成一種不便。有很多人反對國家設置常備軍隊，抱持這種意見的人越來越多，乃越來越值得重視，到最後他們

---

⑰ 研究〈不服從論〉的道德意義和哲理觀點的論述，特別是在六〇年代和七〇年代，更是風起雲湧。最持平的論點著作皆蒐錄於下列一書中。Hugo Adam Bedau, ed., *Civil Disobedience: Theory and Practice* (New York, 1969).

可能起而反對常設政府。」

然而，梭羅並不是主張「立刻廢除政府，而是要求立刻能有一個較好的政府」。梭羅認爲應該讓每個人表明態度，探討每個人心中所嚮往尊敬的政府究屬何類；這種開濶坦蕩的胸襟正是朝向「一個較好的政府」的目標邁進的第一步。

梭羅重申人類革命的權利。當政府苛酷暴虐，顢頇無能，令人無可容忍的時候——例如說，當全國竟有六分之一的國民仍淪爲奴隸，而且軍隊又罔顧道義侵略鄰邦的時候，任何人皆有反抗政府的權利。但是，雖然許多人反對蓄奴制度和反對向墨西哥宣戰，他們卻寧願唯法律是從而不願訴諸個人的良心；他們寧願等候多數人投票，修改法律以爲遵循之依據。人民對於不公平的法律，究竟應該抱持甚麼態度？這個問題梭羅曾多方討論。是否應該等待大多數人用修改法律的方式消除不平呢？還是立卽拒絕遵守這種法律？梭羅堅決的主張，如果政府「要求你成爲對他人不公不義的一個代理人的話，那我就要說，和那種法律斷絕關係吧！」

在民主政體之下，梭羅認爲少數人的權利仍應受到尊重；過份強調「服從多數」是不對的。因爲服從多數的原則，乃基於他們人數最多，在形式上最強；並非基於他們的主張最有道理。職是之故，服從多數的原則所成立的政府，不可能以正義公理爲基礎，甚至連一般人所瞭解的正義公理的標準也達不到。梭羅確信，我們應該首先是一個堂堂正正的人，然後才是一個守法服從的臣民；我們得先培養對是非觀念的尊敬，然後才能培養對法律的尊敬。

在本質上，政府是反對革命，反對變動的；因此政府時常以高壓的手段對付正義凜然的批評者。梭羅以激烈的口吻問道：「何以總是要將耶穌釘死在十字架上，將哥白尼與馬丁路德逐出教會，將華盛頓和富蘭克林宣佈為叛徒呢？」然後才能明白何者代表公理。

梭羅大聲疾呼，在不義不公的情況之下，人必須立刻挺身而出，採取行動，絕對不容許遲疑蹉跎，更不容許運用任何的人力物力去支持一個罪無可逭的蓄奴政府。梭羅相信，只要本諸良心行事，「只要是與上帝同在，便無需等待成為大多數以後再付諸行動。」至於對政府表示「不服從」或「不合作」的方法，梭羅的建議是：拒絕付稅是大家都可以做得到的。他說：即使只有不到一千個人用拒絕付稅的方式來表示他們對政府的不滿，最後仍可以導致改革。即使因此可能受到處罰，亦應勇往直前，義無反顧。這種浩蕩磊落的磅礴氣勢，直可與孟子的「自反而縮，雖千萬人，吾往矣」的精神相互輝映。梭羅以調侃嘲諷的口氣說：「如果一個政府曾將任何人不公平地關進監牢，那麼一個守正不阿的人最應該去的地方就是那座牢獄。」〈不服從論〉的基本原則是，一位好公民不僅要「服從」良法，也要「不服從」惡法。其基本策略是消極的被動的，也就是一種非暴力非激進的抵抗方式。政府必得在廢止惡法，與全數逮捕不肯遵守惡法的良民之間，作一抉擇。

梭羅堅守他自己的原則，前後達六年之久，他自稱不曾繳納過人頭稅。他的被捕入獄絲毫未能動搖他的信念⓲。他譴責國家「猶如一位孤苦伶仃的老嫗，出生富貴之家，卻無法分辨敵友；我對它已不存絲毫敬意，只是滿懷悲情憐憫。」他接著又說：「國家既不是擁有過人的智慧也不是特別誠實；國家只是擁有強大的力量。」因此，梭羅奮鬪不懈，爭取「率性而爲」的呼吸周遭自由的空氣，絕不受制於外在武力的脅迫，忍辱偸生。

在此文的結論中，梭羅一方面提出了他對於「完美的政府」的觀念，同時並對於個人的尊嚴與價值重新評估。「政府的權力，必須得到被統治者的認可與同意。除非經由個人同意之外，任何純粹的權力皆不能管轄個人或財產。」梭羅重申〈獨立宣言〉的崇高目標。他以雄辯滔滔的辭鋒⓳，闡述「由絕對君權進步到有限君權，再由有限君權進步到民主政治的過程，便是走向眞正尊重個人的過程。」但是，民主政治是否便是政府最後的一種形式呢？民

⓲ 梭羅被捕的合法性和全案的經過亦是多篇論文的主題。請參閱 Walter Harding, "Thoreau in Jail" (*AH*, 26, 197), 36-27; 和 Samuel Arthur Jones, "Thoreau's Incarceration" (*Thoreau Society Booklets*, IV).

⓳ 討論作品的修辭策略和辯駁的技巧，請參閱 Michael Erlich, "Thoreau's 'Civil Disobedience': Strategy' for Reform." (*Conn R.*, 7, 1973), 100-10.

主政治能否進一步地承認個人的權利呢?梭羅坦白直率的說出他心中的疑慮。「除非國家能承認個人具備了更高獨立的權力，因爲國家的權力實際上也是由這種權力推演出來；否則國家便不能算是眞正自由，前途也未必十分光明了。」梭羅期待着，「國家終於能以公平正義之道，對待全體人民，並且以尊重鄰人的態度去尊重每一個人」；唯有這種理想的實踐，始能造成完美而榮耀的國家。令人浩歎的是，這一種「完美的政府」只存在於人們的想像之中，環顧當今濁世而不可得！卽使在未來的世界中也是極遙遠之事。

國家爲個人而存在，不是個人爲國家而存在：這是梭羅〈不服從論〉中所揭示的基本信念；在羣體中，如果涉及道德原則的話，少數應拒絕向多數讓步。國家無權強制人民去支持不公正的事，那是違反道德自由的。人類的「良心應該永遠是人類言行思想的最高圭臬。」

梭羅以個人的人格作爲表率，矢志達到廢奴的目標；這種高風亮節，確爲人類樹立了不朽的典範與深遠的啓示。梭羅所倡議的〈不服從論〉，構成了一代聖雄甘地（Mohandas Karamcharnd Gandhi, 1869-1948）「不抵抗運動」的聖經。甘地運用了一種非暴力、眞理、與愛心所產生的力量，領導他的反抗運動，不僅造成一股沛然莫之能禦的精神武器和「不合作」的浪潮，最後終於淹沒推翻了英國人統治下腐化頹廢的政權機構，拯救印度人民於水深火熱之中。環顧當前滔滔世局，仍有少數極權主義與共產主義的囂張狂妄，置國家與少數階級的利益於個人之上，梭羅所高懸之對「個人自由」的鴻鵠與以「良心」作行爲之準繩的最高理想，仍然有暮鼓晨鐘，發人深省的價值。

6.〈論麻州之蓄奴制〉(*Slavery in Massachusetts*)

此文原先是篇講稿，發表在一八五四年七月四日麻州佛拉明鎮 (Framingham, Massachusetts) 的反奴隸集會上；而後在該年的七月廿一日刊載於《解放者》(*The Liberator*) 雜誌。梭羅主要是抗議新近的波斯頓黑奴安東尼・彭斯 (Anthony Burns) 被捕，並準備遣返維吉尼亞的事件。梭羅對於他的鄰居分畛域而不公平的態度極爲不滿：他們一則抗議南方與內布拉斯加州的奴隸制度；但是對發生在自宅後院的蓄奴制度卻漠然不睬，置若罔聞。這種冷漠無情的表現使得梭羅聲色俱厲，嚴加指責。一如〈不服從論〉——事實上，兩篇文章的語調與風格極爲相近，句型甚而可以交互替用——梭羅呼籲人類服膺常存心靈深處的「良知」，而不要順從俗世制訂的人爲「法律」。當時正是美國國會通過了那人神共憤的「逃奴法案」(Fugitive Slave Law) 使其正式成爲法律，梭羅的憤怒高漲到極點，在文章中他對這個法案大加撻伐：「這項法律並不能達到腦部的理性層次；它天生的居處是在塵土中。它生於汚泥，長於汚泥，自汚泥中攝取其生命。它與腳底同其層次。任何自由行事，不懷著印度人般不忍踐踏毒蟲的心腸者，皆不可避免的要將它踐踏於腳底下——而且也把韋伯斯特，這項法律的創始者，一起踐踏，就像我們把糞蟲與溷穢一起踐踏一樣。」梭羅的反應不僅止於詈罵而已⑳。在文章中他還十分露骨的呼籲：「我的腦中充滿著謀殺政府的思想，而且尚情不自禁的計劃付諸行動呢！」

在〈論麻州之蓄奴制〉中，梭羅闡釋了二項要旨：一是個人品德的修養；一是徹底摧毀腐蝕人類的各種制度。因此梭羅激烈攻擊新聞與教會的爲虎作倀，助紂爲虐，竟然爲奴隸制度詭辯。縱然這篇文章的靈感來自一樁遣奴事件，但是字裏行間所迸發的一種追求更崇高的道德標準，一種訴諸超乎一切人間法律的良心呼聲，必定亙古不衰，無遠弗屆；即使在百餘年後的今天讀來，仍可感覺其廣濶的胸懷和氣度，鏗鏘感人。

7.〈為布朗上尉請命〉(*A Plea for Captain John Brown*)

此文是一系列論述布朗事件三篇文章中的首篇。透過他的朋友桑蓬(F. B. Sanborn)的引介，梭羅曾經見過布朗兩次，印象十分深刻。他事先並不知道布朗突襲哈潑斯渡口

---

⑳ 有關此文撰寫的始末和修辭的功能，請參閱 Robert C. Albrecht, "Conflict and Resolution: Slavery in Massachusetts" (*Emerson Society Quarterly*, 19, 1973), pp. 179–88 和 Wendell Glick, "Thoreau and Radical Abolitionism" (Northwestern Univ., Ph. D., 1950).

(Harpers Ferry) 的計劃；而當新聞界和許多廢奴論者齊聲譴責布朗輕率鹵莽的行爲時，梭羅卻毅然挺身而出，爲他辯護。一八五九年十月卅日梭羅在康柯德鎮大會堂召集會衆，鎮上的行政官員拒絕召開，梭羅竟而親自鳴鐘聚衆；有人勸說梭羅此時此地召開這種聚會實在不合時宜。他卻回答說：「我不是來此地聽從勸告的；我來此地是要宣布開會！」

有些批評家認爲這一系列論述布朗的文章似乎與梭羅一貫信奉的原則鑿枘不合相互矛盾㉑。但也有批評家把梭羅爲布朗的辯文視爲他一生中最重大的事件。溫德爾・葛立克(Wendell Glick) 就是肯定這一點。他說：「對於持平客觀研究梭羅的學者，起先都會認爲約翰布朗不但與梭羅的基本改革論不合，而且是齟齬牴觸扞格不侔的。」「贊成約翰布朗就等於全然否定了梭羅早期的信念：宇宙間永遠瀰漫著自然向善的主宰。」「但是，梭羅並不覺得擁護布朗就是和自己早先的信念妥協了；相反的，他卻在布朗身上找到了這種信念的踐履和體現。梭羅意欲將自己早期信奉的原則與布朗的改革方法，融爲一爐。」不錯，布朗運用的僅止於政治上的——卽一種「外在的」改革，而不是個人「內在的」改革；然而，梭羅確乎發

㉑ 請參閱上面援引的專論 Wendell Glick, "Thoreau and Radical Abolitionism"; 以及 Truman Nelson, "Thoreau and the Paralysis of Individualism" (*Ramparts*, 1966), pp. 16-26.

現布朗實踐了他所揭櫫的三項原則——喚起了昏聵醉夢的人類；懷抱「雖千萬人，吾往矣」的大無畏勇氣蔑視不義的政府；以及以身作則的高蹈潔行，爲後世樹立了偉大的個人典範。

也許就是上述的最末一項原則令梭羅感動。在〈不服從論〉一文中，他再三強調：一位「好人」就可以改革一個國家。在布朗身上，梭羅終於找到了一位願意實踐這項原則的人物。因此，布朗在他的心目中是一位不世出的英雄豪傑，行誼地位幾與救世主基督相埒：「大約在一千八百年前，耶穌被釘在十字架上；今天早上，湊巧，布朗上尉也上了絞架。」崇拜布朗並奉之爲神祇，梭羅稱譽他是「一位超越主義心目中的英雄，一位行誼高蹈秉持原則的鬭士」㉒。此外，梭羅把布朗的突擊行動敍述成他心目中的「崇高景象」。像布朗這種具備極端難得的崇高美德的人，梭羅認爲「需要幾個時代才能培育出來，需要幾個時代才能瞭解。像他這樣的人，在這個黑暗的國度裏，太陽可能再也照耀不到。」

〈爲布朗上尉請命〉一文中，有許多思想是梭羅早期作品的廻響。「當她（國家）犯錯的時候，人民必得勇敢的面對他的國家」；「我承認的政府是以正義公理爲基礎的政府」；「俟何時好人與勇者始能成爲大多數呢？」「難道不可能個人是站在正義的一方，而政府卻

㉒ 請參閱 Lauriat Lane, Jr., "Thoreau's Autumnal Archetypal Hero: Captain John Brown" (*Ariel*, 6, 1975), 41-49.

站在不義的一方嗎？」這些列舉的例句，若適當的置於〈不服從論〉或〈論麻州蓄奴制〉的文章裏，依然作金石之聲，空襟壯濶，大氣磅礴。論述約翰布朗的一系列文章主要區別不過是將梭羅早期文章裏揭櫫的原則，運用在一位特立獨行的人物與一種不尋常的情況中而已。

梭羅在撰寫此文時，內心感情澎湃，飛揚激越，難以自持。他曾自訴道：「我在枕褥下備有紙張鉛筆；每當情緒激盪無法入睡時，我就摸黑寫作。」《解放者》雜誌曾如此評論着——「這個令人昂揚的主題，好像突然驚醒了這位康柯德的孤傲隱士，迫使他袪除其原先好深思哲理的冷漠，而代之以熱情感奮的演說。」有位批評家聶文孫(Henry W. Nevinson)曾這樣說過：「〈爲布朗上尉請命〉是人類曠古不朽的偉大演說辭之一，因爲此文議論周備，坦白直率，猶如上蒼啓示之光，燭照人類心靈深處。」㉓

8.〈悼念布朗〉(*After the Death of John Brown*)

這是梭羅在一八五九年十二月二日布朗被處絞刑後，爲他舉行的紀念會上的追悼詞㉔；

㉓ 演說技巧的探討，是論述的焦點之一，請參閱 Robert Albrecht "Thoreau and His Audience: A Plea for Capitan John Brown" (*American Literature*, 32, 1961), pp. 393-402.

㉔ 關於梭羅的追悼詞有揄揚約翰布朗的部分，請參閱 Michael Meyer, "Discord in Concord on the Day of John Brown's Hanging" (*Thoreau Society Bulletin* 146).

除了揭示梭羅對布朗更深一層的興趣而外，再沒有寓意深遠的高論。梭羅以羅馬哲人泰西塔（Publius Cornelius Tacitus, 55-117）的文章譯成流暢的英文作為結語，頗收綠葉映紅花的襯托效果。

9.〈記布朗逝前數日〉（*Last Days of John Brown*）

一八六〇年七月四日紐約州北厄爾巴（North Elba）為約翰布朗舉行葬禮，曾邀請梭羅參加，當時梭羅因事不能去，但他的這篇講稿，請人代為宣讀，其主旨仍一再強調布朗的精神不死。後來並且在七月廿六日的《解放者》雜誌刊登全文。梭羅是這樣敍述布朗上尉朗照千秋的精神彪炳：「他已永垂青史。他既不再屬於北厄爾巴也不屬於堪薩斯。他不必再停留於幽晦隱秘的陰影下行動了；他可以光明磊落的行動，永遠在光輝燦然，照耀亙古的陽光下馳騁翱翔，不受窒礙。」㉕

這篇文章對於研究梭羅心理發展的過程有極透闢的脈絡可尋。此文是梭羅首次公開揚棄他一貫的超越主義的思想，對於「人性本善說」漸採保留懷疑的態度：「我認識許多人皆是虛假造作，終日夸夸其談，浮華不實；個個佯作虔誠的基督徒，其實十分可笑荒謬，因為他

㉕ 相關的討論文字，請參閱上述之 Wendell Glick, "Thoreau and Radical Abolitionism" 和 Lauriat Lane, Jr., "Thoreau's Autumnal Archetypal Hero." 見前註。

們內心毫無神性可言。」

10.〈散步記趣〉（*Walking*）

這篇文章在梭羅死後的一八六二年七月發表在《大西洋月刊》（*Atlantic Monthly*）雜誌上；其中的素材大部份是擷取自一八五〇年到一八五二年間的《梭羅日記》。一般閱讀此文時，常把全文分爲上、下二篇。上篇主要是敍述野外散步的樂趣，說散步是一種藝術，一種學問，一種工作，一種有益於身心的活動。行文中，梭羅不時流露出霸權心態的偏見，有意誇大美國的景色優於歐陸的景色。梭羅散步的方向大都朝著西南方，似乎在潛意識裏要肯定「熠熠繁星朝西行」（Westward the star of empire takes its way.）的信念。下篇主要論述的是「荒野大地」；荒野是生命的象徵，荒野能使人恢復朝氣，體力增強。梭羅不斷的鼓勵文明人走向西部，因爲西部才是生命力充沛的荒野。在結束全文時，梭羅仍然運用了他在《一週遊》、《華爾騰》，和〈不服從論〉的結束時一貫的意象——又是新的一天的黎明[26]。梭羅說：「只要我們走向荒野，我們就會走到令人怡然清醒的聖地，直到有一

---

[26] Lauriat Lane, Jr. 曾討論過梭羅幾篇有關散步作品的研究。"Thoreau at Work: Four Versions of A Walk to Wachusett" (*Bull. N. Y. Pub. Lib.*, 1965), pp. 3-16; "Thoreau's Two Walks" (*Thoreau Society Bulletin*, 109); 和 Richard Fuller, "Visit to Wachusett" (*Thoreau Society Bulletin*, 121). 而討論散步記趣的論著則有以下二部代表

天陽光較昔日更加燦爛，灼照煥發我們的智慧與心靈；我們的生命將隨著偉大的覺醒之光而益增光芒；一如秋陽灑滿在堤岸，溫暖、寧謐、閃耀著金黃色的光輝。」

這篇文章描寫細膩刻劃入微，一般評論皆稱許此文爲僅次於〈無原則的人生〉，是敍述梭羅人生哲學最精要的一篇。

11.〈無原則的人生〉(*Life Without Principle*)

全文在梭羅死後的一年裏，也就是一八六三年十月在《大西洋月刊》刊登；但是文章的主要部份大都取材自一八五一年到一八五五年間的《梭羅日記》；曾經用〈謀生之道〉(Getting a Living)的講題發表演說；梭羅並且用了另外一個題目公諸於世——〈人若贏得了全世界但卻輸掉了自己的靈魂，又有何益〉？(What Shall It Profit 〔a Man If He Gain the Whole World But Lose His Own Soul〕?)

這是闡述梭羅的人生哲學最重要的一篇論文㉗；行文中顯示了他對人生的基本原則，娓

作品：Howard Zahniser, "Thoreau and the Preservation of Wildness"(*Thoreau Society Bulletin*, 60) 和 Jonathan Fairbanks, "Thoreau Speaker for Wildness" (*SAQ*, 70, 1971), 487-506.

㉗ 深入討論其作並有獨到見解的專著並不多見。大都納入詮釋梭羅的社會或政治思想時，略加帶過而已。請參閱 John Hicks, ed., *Thoreau in Our Season* (Amherst, 1966); Douglas. A. Noverr, "Thoreau's Development as an Observer and Critic of American Society" (Miami Univ., Ph. D., 1972), 和 Lauriat Lane, Jr., "The Structure of Protest: Thoreau's Polemical Essays" (*HAB*, 20, 1969), pp. 34-40.

娓道來，切中時弊；文字凝鍊，思想犀利，可以說是愛默生的〈自立篇〉(Self-Reliance)具體而微的闡揚。他要求人們信賴自己，倚仗自己的內在才華；切莫隨波逐流，被鄰人、國家、教會、輿論、財富的追逐，或其他世相騖逐榮擾的影響，而誤蹈塵網，深陷萬劫不復之境。「愚蠢地與人一致，是頭腦幼稚者的魔障；信賴自己，才是使每個人心靈激盪的金科玉律。」梭羅的人生觀仍然是純粹超越主義精髓的縮影；美好的人生是誠正內心的外鑠。和梭羅其他主要作品，如《一週遊》、《華爾騰》、〈不服從論〉，和〈散步記趣〉一樣，〈無原則的人生〉仍然一貫的以「早晨」的象徵結束全文：我們又將沐浴在一個新的黎明裏。

梭羅在這篇文章所揭示的散文風格與洗練的文字，可以說是臻於顛峯：如淺溪之清澈見底，如卵石羅列之井然有序。散文大家的目標和成就，就在於運用文字並使它們的排列生動新鮮，有活力，寫來筆筆見功。這樣的天賦，梭羅具備；他的散文可以一邊抒情，一邊敘事，步步推進，從容不迫。

12.〈趣談野蘋菓〉(*Wild Apples*)

這是梭羅最膾炙人口的一篇「隨筆」。原來此文是一八六〇年二月八日於「康柯德講座」發表的一篇講稿，被認為是該演講系列中的最佳演說；於演講結束時曾博得「悠長而持續不斷的喝采」。而後原稿幾經增刪潤飾發表於《大西洋月刊》上。

梭羅以幽默雋永的口氣，與會淋漓的趣談野蘋菓：先是採本溯源的講蘋菓的歷史，從伊甸園的禁果一直講到他家後院的蘋菓，而後從種子講到結果，從蘋菓的美麗講到蘋菓的品類；梭羅並且諧謔式的把蘋菓種類作成編目一覽表。全文充滿了詭譎繁複的幽默與精彩的雙關語；特別是當他敍述野蘋菓歷經羣牛的嚼齧踐踏的浩㧷大難，仍然可以存活下來的一段，不但出語驚人，任想像縱橫恣肆，令人掩卷難忘，而且蘊涵盎然生機，活潑感人。此文所闡釋的梭羅哲學是：將欲取之，必固予之。人類生在大自然中，想要怎麼收穫，就該怎麼栽。

13.〈寒冬漫步記〉(*A Winter Walk*)

此文幾經愛默生刪改，刊載於一八四三年十月號《日晷季刊》。愛默生不但把其中的一首詩刪掉，而且還修正了不少章句，特別是梭羅的「矯揉造作」的文體更爲愛默生所「詬病」：例如說，刻意將寒冷說成酷熱，孤獨寫成公開，索居適爲合羣，荒漠竟如居家，隱居林野中卻侮慢城市或軍隊等。但是，對於現代的讀者而言，這卻是梭羅燦然可觀的佳作之一㉘；把衆人認爲不和諧的事物極貼切的結合在一起，正是梭羅的拿手絕技；這種似反實正矛盾語的文體，充分發揮了他詭譎獨特的才華。除此而外，梭羅更以細膩潔淨的文筆，描繪他

㉘ Lauriat Lane, "Thoreau's Two Walks" (*TSB*, 109).

周遭的自然現象，頗富「萬物靜觀皆自得，四時佳興與人同」的曠達雋永的風味；他美妙的寫景抒情，肯定會使讀者目飫神馳，媲美他的扛鼎鉅作《華爾騰》中的精彩片段。事實上，〈寒冬漫步記〉中對一位樵夫生動逼眞的描寫，卽是出現在《華爾騰》中的第十四章〈早期居民——冬天的訪客〉裏所刻繪的郭修（Hugh Quoil）。

14.〈重得樂園〉(*Paradise* 〔*to be*〕 *Regained*)

這是一篇讀後感言，批評愛玆勒（J. A. Etzler）的一篇名爲〈不費吹灰，仰賴自然和機械之力人間天堂垂手可得說〉（"The Paradise Within the Reach of All Men, Without Labor, by Powers of Nature and Machinery"）的時論㉙。梭羅的批評感言原來是在一八四三年的十一月於《民主論評》(*Democratic Review*) 雜誌上發表。由於梭羅全文的主旨在提倡個人而非全體的改革，因此曾與雜誌編輯發生齟齬扞格。

愛玆勒的基本理論是一種科學萬能，追求物質生活的滿足：只要人類攜手合作，精巧的

㉙ 關於梭羅和愛玆勒在哲學觀點的歧見，請參閱 Robin Linstromberg and James Ballowe, "Thoreau and Etzler" (*Midcontinent Amer. Studies Jour.*, 11, 1970), pp. 20-29; 另外梭羅誤引和曲解的部分，請參閱 Wendell Glick, "Thoreau's Use of His Sources" (*New England Quarterly*, 44, 1971), pp. 101-9.

利用風力、潮汐、和太陽能，並且同住於社區的公寓裏，共同生產和消費，人類能夠在世間創造天堂；只要付出極微少的勞力，卽可以挹注生活所需。愛茲勒的微言大義正是法國社會主義思想家傅立葉（Francois Marie C. Fourier, 1772-1837）的廻響；當時傅氏的思想正啓迪了不少美國新社區的建立。當時有人依照傅立葉、歐文（Robert Owen, 1771-1858）、和聖西門（St. Simon）等人所揭櫫的理想在溪流農莊（Brook Farm），希望谷（Hopedale）和諾桑布郇（Northampton）建立烏托邦社區；但是梭羅對於這種只顧建立社團而忽略恢復個人完整的改革趨勢，頗感失望，因爲這樣的人間天堂是浮誇不實、捨本逐末的烏托邦。

梭羅擯棄愛茲勒的思想，充分顯示出典型的超越主義式與梭羅式的排斥和批判：「我們絕不可被此種廣泛運用能源的理論，而爲之神魂顚倒；我們仍然深信，所有的事物必得依賴勤奮不懈，始能克竟全功。」「這本書最大的錯誤在於，過份的強調追逐物欲生活的舒適與享受。」「然而，品德的改革乃是萬事改革之首，物質需求僅是次要的；唯有依賴品德的力量，我們才能在人生的旅程上破浪而行，昂首向前。」

在這篇尖刻深邃的評論中，梭羅首次揭示了他改革社會的信念。他深信從沒有一個社會能大於一個個人，因此社會改革的基礎應在格致誠正的個人。必先做到個人道德的革新，然後社會的改革，乃至於國家的治理，才有意義。躐等而進，捨本逐末，人間天堂將永遠是遙不可及的夢。

15.《梭羅書簡集》(*The Correspondence of Henry David Thoreau*)

較早的梭羅書信集，有一八六五年經由愛默生編輯成書的 *Letters to Various Persons* 以及由桑蓬所搜集的 *Familiar Letters* 於一九五四年出版。但是愛默生編的書信集，過份強調梭羅堅忍苦修的性情，忽略了他溫厚親切的一面，因此選輯書信的時候，多少顯示了偏頗不公的情形；而桑蓬所搜羅的信函，雖然在數量上增多，並且修正愛默生選錄時所犯的毛病，但是由於桑蓬未經仔細推敲即擅自修改標點符號、拼字、與句型的排列，率性而為；對於信件的日期與評註的更是任意竄改訂定，則見其率爾操觚，不夠嚴謹的態度。

目前編輯得最縝密，評註得最信實的當數由卡爾・包德(Carl Bode)和渥特・哈定(Walter Harding)兩人所合編的《梭羅書簡集》，首版是在一九五八年紐約出版[30]。其

---

[30] 有關書信內容的討論，請參閱 Walter Harding, "Franklin B. Sanborn and Thoreau's Letters" (Boston Pub. *Lib. Quart.*, 3, 1951), pp. 288-93. 此外，尚有 Kenneth Cameron, *Companion to Thoreau's Correspondence* (Hartford, 1964) 和 *Over Thoreau's Desk* (Hartford, 1965) 二書值得參考。

中搜羅了梭羅所有的信函，其中包括了朋友寫給他的信件。從梭羅與他人的通信中，我們不但可以讀到他簡潔清新的絕妙文筆，而且還可以更深一層的瞭解梭羅不爲人知的內在世界生活與他所處的時代。

16.《梭羅詩選集》(*Collected Poems of Henry Thoreau*)

梭羅詩最早的一部選集是在一八九五年由桑蓬和叟特（Henry Salt）聯合編纂的；書名叫做《大自然詩選》(*Poems of Nature*)。而後又經包德字斟句酌的對照原文，銖兩悉稱，完成了《梭羅詩選集》㉛。

寫作生涯之初，梭羅自詡爲詩人。事實上，梭羅也留下了大約兩百餘首詩，散見於《日晷季刊》、散文作品、和《梭羅日記》內，大都屬於早期的著作。只是他的詩名一直爲文名所掩；由於他的詩篇時好時壞，愛默生即認定寫詩非其所長，散文才是他理想的表達工具，曾經奉勸他集中精力去創造獨樹一格的散文，不必捨長就短分心寫詩。然而，就現代讀

㉛ 有關梭羅詩選的版本和討論，有 Sarah McEwen Miller, "A Concordance to the Collected Poems of HT" (Univ. of Toledo, M. A., 1966); Arthur Lewis Ford, Jr., *The Poetry of HDT* (Hartford, 1970); H. Grant Sampson, "Structure in the Poetry of Thoreau" (*Costerus*, 6, 1972), pp. 137-54; Henry Wells, "An Evaluation of Thoreau's Poetry" (*American Literature*, 16, 1944), pp. 99-109.

者的觀點回顧梭羅的詩篇，雖然他寫了一些拙劣的詩作，或矯揉作態（mannerism）或油腔滑調（sing-song），押韻勉強而累贅，令人牙爲之碎，難以卒讀；或引經據典，詰屈酸腐，難免有「刻意求工」之疵；但是，就梭羅的最佳作品而論，如〈烟〉(Smoke)，〈霧〉(Mist)，〈霾〉(Haze)，〈夏雨〉(The Summer Rain)，〈葉落〉(The Fall of the Leaf)，〈靈感〉(Inspiration)，〈我的祈禱〉(My Prayer)，以及〈冬之回憶〉(Memories of Winter) 等首，其中的意象鮮明，文字素樸，頗富現代詩中的象徵手法，花草鳥禽，乃至於四季的遞嬗和潮汐的變幻等等，寥寥幾筆，隨意寫來，皆充滿了一股天然的勁道和不假借人工修飾之美[32]。在他那清晰得透明的意象後面，現代讀者可以看見他那旣堅硬，又燦亮的思想——愛默生式超越一切，直觀宇宙萬象的個人主義。

17.《梭羅日記》(*I-XIV The Journal*) (Princeton Edition)

桑蓬在一九〇五年曾編纂了一本《梭羅日記》(*The First and Last Journals of Thoreau*) 但是，並沒有把所有的日記均搜集在內。目前《梭羅日記》的標準版本是一九〇

[32] 參閱 Paul Williams, "The Concept of Inspiration in Thoreau's Poetry" (*PMLA*, 79, 1964), pp. 466-72; 和 Donald L. Welch, "A Chronological Study of HDT" (Univ. of Nebraska, Ph. D., 1966).

六年的「原稿與華爾騰版本」(Manuscript and Walden editions)，總共有十四巨册。另外佩理・米勒（Perry Miller）曾在一九五八年重新編纂了梭羅一八四〇到四一年「遺失」的部份日記，定名爲《康柯德冥思錄》（*Consciousness in Concord*）；由於《梭羅日記》卷帙浩繁，曾出版了幾本日記選集，其中最好的首推謝巴德（Odell Shepard）在一九二七年出的《梭羅日記精選集》（*The Heart of Thoreau's Journal*）。

在梭羅自哈佛大學畢業後的幾個月——一八三七年十月廿二日，梭羅在一本剛買的筆記本上記載了下面這句話：

「你現在可以做些什麼事呢?」他問道。「有沒有每天記日記啊?」就這樣，我從今天起開始寫日記。

大約是愛默生的鼓勵，梭羅從一八三七年開始一直到一八六一年秋天，死前的幾個月，每天都記載他的所思所行，翔實的報導一切生活細節，內心的希望，個人的信仰，讀書劄記，城鎮居民生活的點滴，以及觀察宇宙萬象的心得等等；總共留下了約二百萬字的日記，是一個人面對長串歲月沉思與觀察所留下最完整的記錄。梭羅寫日記的習慣，正是爲他的演講稿和書籍醞釀栽育思想「苗牀」，《華爾騰》、《一週遊》以及其他許多文章，皆從這些日記中擷取資料。

梭羅寫日記之初，並無意出版他的日記；在一八五一年十一月十一日，他在日記上這樣寫着：「『我手寫我心，不足爲外人道』是我寫日記的座右銘。」然而，因爲梭羅特立獨行，隱居湖濱林野中的生活，令人着迷，因此，在他逝世後不久，他生前的好友布萊克即自梭羅的妹妹索菲雅處獲得梭羅日記原稿，依照四季的時序，編纂了四本日記選集，分別以《麻州之早春》(*Early Spring in Massachusetts, 1881*)，《夏》(*Summer, 1884*)《冬》(*Winter, 1888*)，和《秋》(*Autumnn, 1892*)爲日記的標題；祇是布萊克編選的內容以自然寫實的描寫爲主，而沒有按照日記的年代次序排列，是美中不足的地方；但是布萊克這種獨具慧眼，特別重視梭羅日記的文學價值，爲後世探索梭羅的學者開拓一條極爲珍貴的研究範疇。著名的批評家范道倫(Mark Van Doren)就認爲《梭羅日記》是梭羅一生中最重要的一部作品，不僅因爲日記的文筆簡潔流麗，而且因爲這是描繪梭羅心境最翔實，最完整的一幅圖象；閱讀梭羅的日記，恰如和心儀已久的作家覿面相逢，得窺全豹。

一九〇六年是研究梭羅作品劃時代的一年；豪登・密佛林(Houghton Mifflin)出版公司曾發行了一套自詡爲「完整」的《梭羅全集》(*The Writings of Thoreau*)，總共有二十大卷。這就是著名的「原稿版本」或「華爾騰版本」。其中從第七卷到第二十卷是《梭羅日記》(*The Journal of Thoreau*)，在一九四九年，後十四卷曾由豪登・密佛林出版公司再版單獨發行。當年出版時，《梭羅日記》的編輯僅於扉頁冠以彼時著名的自然作家陶雷（Bradford Torrey），但實際從事編輯工作的卻是才華橫溢的艾倫（Francis Allen）以及豪登・密佛林（Houghton Mifflin）的編輯小組（一九四九年再版的《梭羅日記》終於在書中扉頁冠上艾倫的大名）。謄寫和編輯梭羅的日記手稿極爲艱辛，但在艾倫領導下的編輯小組，皆能仔細推敲，披沙揀金，銖兩悉稱，力求完備。

由於在不久之前，陸續又發現了梭羅的原稿，因此這部豪登・密佛林的《梭羅日記》仍稱不上「完整」。例如說，從一八四〇年七月卅日到一八四一年元月廿二日的日記，字數約有一萬六千字以上，就未搜羅在內；另外遺漏的部份，尚有梭羅和愛倫・西華爾談戀愛期間的日記；以及一八四六年，梭羅初次遠遊緬因森林的部份，字數在四萬二千字以上。幸運的是，佩理・米勒的《康柯德冥思錄》及時出版，與阿倫的《梭羅日記》相得益彰，前後輝映。

當一九〇六年接近完整的《梭羅日記》出版時，許多批評家對於梭羅浸淫於湖光山色，靜觀林野煙雲，所體悟得宇宙萬象之眞諦，所發抒於文字的卷帙浩繁，所揭示之思想的深刻，關懷人生社會公理的心胸之廣張深入，在在皆令他們浩歎驚異。他們原先以爲梭羅祇是一個目光敏銳的自然觀察者，愛好離羣索居的戶外生活，崇尙平易簡樸的生活方式；現在他們才發覺他還是一位偉大的詩人與思想家。在最近的三十餘年，已經有許多的學者從事《梭羅日記》的研究，俾就近設例取闢闕劃完整的梭羅輪廓來，能更深一層瞭解這位思想家的「心路歷程」。雷蒙・但丁・哥齊（Raymond Dante Gozzi）在一九五七年曾撰寫了一部鉅著：《借喩與心象：大衞・亨利・梭羅之心理研究》（*Tropes and Figures: A Psychological Study of David Henry Thoreau*）㉞即以《梭羅日記》爲經，佛洛伊德的學說爲緯，錯綜交織，縷析條舉，剖析梭羅的心靈；此論文首開心理分析梭羅日記的模式，是一部極富創意，獨樹一格的論著。今後，若能以神話批評，探索《日記》中的「基型模式」（archetypal patterns）及其中勾勒象徵意義，窺視這位誕生於美國麻州康城的偉大詩人在宇宙中所扮演的角色，必能再創梭羅研究之新境界，可在讀者的內心深處產生廻響和共鳴。

18.《華爾騰》（*Walden, or Life in the Woods*）

這是梭羅創作的第二部作品，亦是他生前付梓出版的最後一部書。書中表面上是敍述他在一八四五年七月四日到一八四七年九月六日，離羣索居於華騰湖畔的經過。實際上，有些

㉝ 有關討論梭羅日記的架構、內容和動機最爲詳盡的專著，請參閱 William L. Howarth, "Thoreau, the Journalist" (Univ. of Virginia, Ph. D., 1967).

㉞ "Tropes and Figures" (New York Univ., Ph. D, 1957).

材料尚可以遠溯至一八三九年四月八日近追至一八五四年四月九日間的《梭羅日記》。在他準備遁居於華騰湖畔的茅屋之前，他已計劃寫書；一八四七年九月，在他離開時，已完成了該書的初稿。他並且向出版商孟羅（James Munroe）保證可以立刻出書；因此，在一八四九年春天，他先以自費方式發行的第一本著作——《康柯德河與梅瑞麥可河上一週遊》的封底扉頁上，即曾預告出書。然而，《一週遊》發行的失敗，嚇退了那些有意出版《華爾騰》的書商，也延遲了此部傑作的誕生。一直要到一八五四年八月九日，才經由波士頓的狄克諾與菲爾茲出版公司發行了二千冊。

梭羅在這五年期間，再三將這本書改寫，前後共計有八次之多；包括提煉、剪裁、增補、修飾、刪減，以及字句位置推前、挪後、搬上、移下；有時候將整段從一章移到另一章。因此，一八五四年所出版的這本書，在文體與風格上，和它的一八四九年的初稿，大異其趣㉟。

㉟ 附有最完整的註解的版本是 Walter Harding, ed., *Variorum Walden* (New York, 1962). 另外，有關《華爾騰》版本整理的書包括 Philip Van Doren Stern, ed., *Annotated Walden* 和 Gordon Rohman, "An Annotated Edition of HDT's *Walden*" (Syracuse Univ., Ph D., 1960). J. Lyndon Shanley 的 *The Making of Walden* (Chicago, 1957) 恐怕是所有研究《華爾騰》必讀的版本。值得參考的尚有 Ronald Clapper, "The Development of *Walden*: A Genetic Text" (Univ. of California, Los Angeles, Ph. D., 1967)。有關 *Walden* 完整的引得，參閱 R. C. Reynolds and J. S. Sherwin, *A Word Index to Walden* (Charlottesville, 1960; Reprinted with Corrections in *ESQ*, 57, 1969, Supplement).

權威的研究梭羅的學者商理（J. Lyndon Shanley）曾把《華爾騰》從初稿到定稿所歷經的改寫過程，作了一番詳盡周全的探討。雖然，《華爾騰》最後這部「工整的抄本」（fair copy）在書出版的同時已被擲進廢紙簍裏；但我們從目前珍藏於亨汀頓圖書館（Huntington Library）殘簡斷篇的梭羅初稿裏，依稀可以看出修改琢磨的痕跡。根據商理孜孜研究各種手稿，仔細的核對筆跡，我們知道《華爾騰》有七種不同的原稿，其中並包括了一個完整的初稿。商理在他的著作《華爾騰的撰寫過程》（*The Making of Walden*）一書中，曾登載了第一部原稿，並且附錄了以後幾次修改的剖析。

從初稿至最後的定稿，《華爾騰》敍述情節的主要風貌並沒有改變。打個譬喻來說，就好比在打造了一棟有六、七個極舒適的房間的建築，並且在住進一段時間之後，梭羅忽然發覺屋子不夠寬敞，立意更動。首先，他開始擴充和改建部份房間；但在修建的過程裏，他又突然決定增闢幾個房間；後來，他又發覺應當把原先屋子的各個空間的比例和排列重新調整和改變。一言以蔽之，在這一切改建過程中間，皆是由內而外，循序漸進的：先是拆除一些部份，而後才紮下地基、築牆、覆頂，密切配合內部整建，而又不會破壞原來屋子的基礎和格局。《華爾騰》書中許多引句大都是後來增添進去的；本書的初稿並沒有分章，是到了一八五三年的最後定稿時，才細分了十八章。其他一些細節亦迭經推敲斟酌，調整修改，版版不同。例如說，火車的票價從美金一塊改成七角，後來又改回九角。姑不論這些變動成效如何，梭羅若就一八四九年的版本問世，已足以躋入文學名著之林，在初稿中，梭羅即已顯露其不世出的才華了。

梭羅在華騰湖濱住了兩年兩個月又兩天，但在寫書時，他把自己的經歷凝縮成一年的時序循環；「四季輪替」是全書結構的原則。早期的批評家曾訾議《華爾騰》缺少統一性；認爲此部作品根本無法稱得上是一部藝術傑作；因爲全書缺少形式，而且還忽視了文章的結構。但是，最近的批評家卻有遠邁前修的觀點和看法。亞當斯（Richard P. Adams）在〈浪漫主義與美國文藝復興〉一文中即持此種觀點[36]：「此書的基本結構可以用梭羅自己的話來說明，可能更爲清楚。梭羅曾經『爲圖方便』而把華騰湖濱二年的經驗濃縮成一年；並且自初夏歷經深秋、寒冬，而以來年的春天結束。此種『季節的嬗遞』正象徵誕生與死亡的生命歷程；對梭羅以及其他美國浪漫作家而言，生死循環正代表了人生成長的特質。」梭羅不僅在全書運用了以「四季」爲基礎的象徵技巧，而且還在每一單章運用了以「晝夜」爲原則的象徵——「一日」正是「一年」的縮影。因此梭羅在〈聲音〉一章中，乃以清晨的

㊱ "Romanticism and the American Renaissance" (*American Literature*, 22, 1952), p. 425.

萬籟始，經午後、黃昏、黑夜，而以黎明復旦雄雞高吭作爲結束。如此的結構使得全書的統一性極爲明顯，並且使梭羅能夠運用象徵的手法，強調人類心靈的再生與精神的甦醒永恒而樂觀的期望。綜觀梭羅在《華爾騰》書中的「早晨」與「春天」等相關意象語的運用，當然可以明白此意象的多義性：梭羅運用這個意象來批判當代的生活；揭示他自己訴諸文字表達的各種方式；或禮讚人生崇高的目標；或強調人類與自然和諧相處的重要性；以及闡明個人精神靈性與成就的無窮可能性。

另外批評家，如卡萊爾（Thomas Carlyle, 1795-1881）等，視《華爾騰》全書的組織爲一部餖飣襞積的選集；自全書的前頁讀起或從後面唸回來皆可，頁頁互換亦不會破壞其內容。但是研究《華爾騰》的專家商理卻一再提醒讀者：梭羅曾經極爲仔細的安排章節在全書裏的位置。每一句、一段、一章無不貼切適當，後人幾乎沒有置喙的餘地，任何增益損減皆能斲喪通篇情意貫穿、一氣呵成的精心結構。篇幅所限無法一一列舉說明，但讀者只要逐篇推敲每一章的首句，即能深得其中眞意：〈閱讀〉這章結束，下一章〈聲音〉即以「但是當我們侷限在書籍時……」開頭；〈豆圃〉的下一章〈村莊〉頭一句便是「在鋤耕之後……」；〈寂寞〉與〈訪客〉則直接以對比法出之。類似型式的章法結構篇篇可尋。

《華爾騰》書中闡述的主要思想頗爲豐富，茲舉其犖犖大端，縷列如下：

(1)大多數人，終日喧嘩奔競，心爲形役，蠅營狗苟，汲汲於追逐物質享受，過着寂靜絕望的生活。

(2)錯誤的經濟觀點，使人類無止境的蘄求聚歛財富，陷入物質的塵網裏毫無意義地掙扎着，爲自己製造了金鐐銀銬，因而造成了大多數人今日悲慘的情況，套用梭羅的話說：——除了做一架機器之外，他沒有時間好好做人。

(3)時時接近大自然，漫遊於蓊鬱的山林田野，逡巡在澄清蘊涵的湖中，侶漁蝦而友麋鹿，自可獲得與萬物融合爲一體的曠達胸懷和睿智美好的人生境界。

(4)大自然的三個境界分別是——第一蒼茫曠野的自然；第二簡樸無華，自然洒脫的生活態度，誠如梭羅自己所過的那種湖畔獨居，親近自然的生活方式；而第三階段則是偶一閃現的超越主義者的洞察力，可以直窺永恒生命之源。透過一種超越感官經驗的觀照逼視世界，人類可以超越大自然的各種磨練，達到至高永恒的眞理境界——正是衆裏尋它千百度，驀然廻首，眞理卻在暮靄朝暉、林野湖濱的自然深處。

著名的梭羅批評家芮基納•庫克(Reginald Lansing Cook)指出《華爾騰》內容至少包含有三類文學基型㊲：

㊲ "This Side of Walden" (*English Leaflet*, 52, 1954), pp. 1-12.

(1)《魯濱遜漂流記》(*Adventures of Robinson Crusoe*)——人類置身於周遭艱困的環境，面臨挑戰，而能自行解決飲食、衣物、房舍、和燃料等基本的人生問題。

(2)《格列佛遊記》（*Gulliver's Travels*）——是一用筆凝鍊思想冷雋，對現代文明的嚴厲控訴。

(3)《天路歷程》（*Pilgrim's Progress*）——是一部闡釋心靈的自傳，一部追尋全眞至善盡美的「心路歷程」。

而另外一位研究梭羅的名學者渥特・哈定(Walter Harding)則增加第四類基型㊳——

(4)《賽朋自然史》（*The Natural History of Selbourne*）——一部描述康柯德的自然現象的書。梭羅把一生的大半時間化在觀察與研究鳥類、動物、花卉、樹木、和季節的輪替。因此，他大部分的作品報導他對世相的觀察。就描寫自然的文字而言，書中的〈聲音〉、〈禽獸爲鄰〉，和〈冬之湖濱〉等章裏的梭羅，文筆寫實，匠心獨運，堪稱此中泰

㊳ "Five Ways of Looking at *Walden*"(*MR*, 4, 1962), pp. 149-62.; and *A Centennial Check-List of the Editions of HDT's Walden*(Charlottesville, 1954); and Francis E. B. Evans, "The Genuine Word, the Unfolding Sentence: Thoreau's Paths to Truths" (Purdue Univ., Ph. D., 1976).

斗。《華爾騰》裏的潛水鳥、青蛙、螞蟻、與山撥鼠，一觸及梭羅的筆尖，便都蘸染了高貴的靈性和情感，栩栩如生，而具人性。祇要人類對周遭自然世界的興趣恆久不衰，《華爾騰》無疑的仍將吸引萬千讀者。

梭羅曾在《華爾騰》初版的封面扉頁引用了〈我生活之處；與我生活之目的〉(Where I Lived and What I Lived For)一章裏的一句話作爲題詞——可惜的是，在後來很多的版本上均被刪除。該題詞說：「我並不打算寫哀歌；可是我要像黎明時分站在橫樑上的金雞一樣，引吭高啼，昂首喚醒我的鄰人罷了！」有批評家認爲《華爾騰》這本書是文學作品中最宜人的一部誇張之作；讀者必得時刻銘記於心，方可覓得全書的主旨：昂首高吭，自比雄鷄，正是梭羅發抒爲文字的諷刺。讀者自梭羅之眼覷紅塵，必可窺見寰宇萬象的眞理奧秘，並可參悟芸芸衆生的惛瞀渾噩。

梭羅寫《華爾騰》之目的極容易被誤解其中的本意，他屢次明示他寫此書只是爲少數的讀者而寫。他說：

> 性格堅强之人，不論在天堂或地獄，皆能一絲不苟地照顧自己的事業，有人確有此種性格，也有人夢寐以求擁有此種性格，也許他們較諸最富有的人建樹更宏偉；雖然他

們極盡奢華揮霍，自己却又泰然自若不為所動，我不對這種人說話，因為他們懵懂不知自己如何生活著。還有一些人，能自今生今世得到鼓舞，覓取靈感，就像蜜意情深的愛人一樣，摯愛着這種鼓舞與靈感，這種人我也不給他們說話。至於那些人，在任何時地情況皆能敬業樂羣安之若素，不論他們是否知道自己如此，這種人，我也不給他們說話。我主要是對那些心懷不滿的人說話——他們在應該勵精圖治黽勉奮鬪的時候，却一味的訴苦蹇滯的命運和時局的艱險。另外，在我心目中還有一種人，這種人貌似濶綽，實際却窮困得可怕；他們聚歛了那些華而不實的東西，既不懂如何利用，又不懂得怎樣抛擲；因此，他們給自己鑄成了一付金鐐銀銬。

〈經濟篇〉

簡單地說，若你對自己的生活方式十分滿意，《華爾騰》這本書大可以抛諸腦後，束之高閣，不讀也罷。但是，若你過的是「寂靜絕望的生活」，梭羅在這裏爲你找到可以身體力行的解決之道。

梭羅絕非倡導人類遠離城市，家居，以及親人，率爾回到蠻荒曠野，築廬獨居，在大自然中冥思。他無意鼓勵原始主義；他也不希望模仿者效法他去過著林野的生涯。梭羅在華爾騰湖濱的經驗，祇是他個人的需要，他的志趣乃在觀察與撰述大自然。研究梭羅作品極有見地的哈定教授就曾提出鞭辟入裏的意見：

任何人若有遺世獨居的意念，皆能在任何地方過著最簡單的生活。因此，如果我們願意，無論身處窮鄉僻壤亦或囂繁市鎮，皆可以享受簡單的生活。我們可以在紐約、倫敦、孟買或東京的市中心，創造出我們自己的華爾騰湖。在這個（心靈上的）華爾騰湖濱，我們可以過著更有目的，饒富意義，更為快樂的生活。這才是《華爾騰》一書的精義。

而我國研究美國文學的臺大學者朱炎教授，在他非常精闢的文章〈梭羅再三啓示看人類的新生〉裏，亦揭示這個「心靈上的華爾騰湖」所代表的意義，正與我國的田園詩人陶淵明著名的詩行所勾勒的境界相埒：

結廬在人境，而無車馬喧，
問君何能爾，心遠地自偏。

陶淵明之所以能夠身處雜沓繁囂的人境中，仍能保持心靈上的寧靜，就是因為在他的心靈深處擁有一個像華爾騰湖濱那樣幽遠澄澈的境界。華爾騰湖象徵一個內心無滯礙，所見高遠，一切名象、俗物無法擾其心的人生境界；因此，每個人的內心深處都該擁有他自己理想的華爾騰湖。無怪乎當別人欲邯鄲學步，想模仿他的生活方式時，梭羅極力反對：「無論如何，我不讓任何人採行『我的』生活方式」，梭羅在《華爾騰》書中這樣子警告着：

> 可能在他才學到了這種生活方式，我又找到了另外一種；我期待這是一個姹紫嫣紅，百類俱陳的世界；盼望人人都能審慎地找出並遵循他「自己」的生活方向，而不是他父母、或鄰居所指引的道路。
>
> 〈春天〉

梭羅亦不主張全然摒棄現代科學所產生的物質文明。不錯，梭羅和所有思慮深邃高瞻遠矚的先知一樣，對於現代物質文明銹蝕心靈，蒙滿塵障，極感痛心；但是，梭羅僅祇於批判「進步」之不均衡的特性而非反對「進步」本身：人們刻意強調「改良方法而非改良目的」。此種捨本逐末式的文明改革，汲汲於物質追求反而成了自己的束縛。我們殫思竭慮傾己所能創造了節省光陰的東西，然而，我們卻將光陰虛擲於委瑣細碎的事物中：我們建造鐵道，日的在節省時間，可是我們卻把省下的時間浪費於無意義的事情裏；在大西洋舖設海底電纜，卻用作遞送微不足道的消息，探詢阿狄萊德公主是否罹患百日咳，而不是眞正作爲傳達知識之用。設若梭羅能目覩電視與噴射機的發明，我們當可以想見梭羅該會如何嚴責酷評。他並非批評人類發明的事物，而是批評人們的運用不當。人類固然可以拓展物質生活的進步，但是，梭羅認爲靈性的培養、與精神生活的孳育更值得重視和改良。

梭羅決心完全掌握自己的時間。他刻意儘量減少支出，以便從事寫作，親近自然——因爲自然能使他拋開塵網，沉思瞑想，並給他啓示，他借用了哲學家愛默生在華爾騰湖畔的一塊十四英畝的林地，親手築廬。這所小屋搭建得十分堅實完備，長十五英呎寬十英呎，其間有一道門，一個房間，兩側各有一扇窗，一座地窖，一間小閣樓，和一爿壁橱；住進去幾個月後，他又把牆塗飾灰泥過冬，並且還加造了一座壁爐，第二年冬天他再闢建了一個火爐。建造這所木廬，所用的材料，共計美金二十八元一角二分半。他在湖畔小廬中總共度過了兩年極清苦簡樸的生活，他把每日所作所思，全部寫進日記中。

當他解釋他何以住進湖濱木廬時，他寫下了以下極爲著名的一段話：「我入居林中，因爲我要從容而審愼地生活，只面對生命中的重要事實，看看能否從這種生活中得到教訓；我不要在死時發現自己並沒有眞正的生活。生活極其珍貴，我不願虛度人生；如非絕對必要，我也不願聽天由命。我要深入地生活，吸取生活的全部精髓；我要堅定地生活，簡樸刻苦地生活，把所有與生活無關的活動全部摒棄。」

梭羅入居林中湖濱，計劃能擷取最基本的物質生活；他最關懷的是精神生命的躍升，與自然萬物融爲一體以發展人類的最高天性[39]。每日黎明時分，他都要跳進湖泊中洗個澡，這正隱涵中國人「澡身浴德」和「澡雪而心」的象徵意義；他接着在田野中耕作，在大地播下「美德的種籽」，而不是「欺騙、侮辱、排斥」的稗草。在大風雪和暴雨或是寒冬的早晨，他全神貫注，伏首寫作或讀書；午后，他就在林木蓊鬱，碧草如茵，風光宜人的康柯德鎭的山林田野裏漫遊，抑或泛舟於湖上，嘯傲徜徉，瞑想沉思，探索「廣袤高遠的宇宙論的主題」；夜裏，好友來訪，或踽踽漫步到村莊閒談，「偶然值林叟，談笑無還期」，談論的內容，上窮碧落，下盡黃泉，無所不包。大部份的時候，他是獨自在大自然中逡巡去來，自由自在，身心早已和大自然融爲一體了；他自己不過是「一片綠葉與一株青菜」[40]。梭羅對於

---

[39] Joseph Moldenhauer, "The Rhetoric of *Walden*" (Columbia Univ, Ph. D, 1964) 主要討論《華爾騰》的修辭技巧。Robert Kettler, "The Quest for Harmony" (*BSUF*, 15, 1974), pp. 3-132; Michael West, "Scatology and Eschatology" (*PMLA*, 89, 1974), pp. 1043-64.

[40] Philip and Kathryn Whitford, "Thoreau, Pioneer Ecologist and Conservationist" (*Scientific Monthly*, 73, 1951), pp. 291-96; William J. Wolf, *Thoreau: Mystic, Prophet, Ecologist* (Philadelphia, 1974), pp. 145-66.

禽獸的研究，素來熱心，更熟悉林野裏每一種野花植物開落的去處。夜行鳥、小梟鳥、貓頭鷹、鷓鴣、山撥鼠、黃鸝、雲雀、鷙鷹、鷺鷥、潛水鳥、青蛙、鱸魚、鰷魚、鮨魚、梭魚、銀魚、螞蟻、蚯蚓、蜘蛛、烏龜、野貂、飛貓、黃蜂、胡桃樹、松樹、覆盆子、山茱萸、野櫻桃、豌豆、玉米、蒲公英、酢漿草、常春藤等，甚至於四季的輪替和朝暉暮靄的變幻等，皆成了梭羅的密友，正是「林中無客至，造化皆侶友」[41]。

梭羅在林中小廬住了兩年兩個月零幾天，生活實驗已經完成，目的既達，再繼續住下去，必會變得興致索然，毫無意義，於是他決定離開，邁向新的人生旅程：

---

[41] Joseph Wade, "Some Insects of Thoreau's Writings" (*Journal of New York Entomological Society*, 35, 1927), pp. 1-21; Kathryn Whitford, "Thoreau and the Woodlots of Concord" (*New England Quarterly*, 23, 1950), pp. 291-306; Alec Lucas, "Thoreau, Field Naturalist" (*UTQ*, 23, 1954), pp. 227-32; Robert Henry Welker, "Literary Birdman: HDT," *Birds and Men* (Cambridge, 1955), pp. 91-115; Lawrence Willson, "Thoreau and New England's Weather" (*Weather wise*, 12, 1959), pp. 91-94; Leo Stoller, "A Note on Thoreau's Place in the History of Phenology" (*Isis*, 47, 1956), pp. 172-81; Donald G. Quick, "Thoreau as Limnologist" (*Thoreau Journal Quarterly*, 4, 1972), pp. 13-20. 關於梭羅特殊的科學知識和他文學創作的關係。參閱 "HT and the *Entomology* of Kirby and Spence" (*ESQ*, 38, 1965), pp. 138-152; 和 Richard J. Schneider, "Reflections in Walden Pond: Thoreau's Optics" (*ESQ*, 21, 1975), pp. 65-75.

> 我離開林野，就跟我入居林野，同樣具有極佳的理由。我深深覺得自己應該嘗試各種生活方式，不必為一種離羣索居的生涯虛擲太多珍貴的光陰。

這段話充分代表了梭羅一生所崇尚之特立獨行的精神，以及擺脫作繭自縛的拘束。默察自然萬象，靜觀林木雲煙，欣賞湖光山色之美，是人生與宇宙臻致和諧的最佳途徑；梭羅一生最大的愉悅正是出神而悠然閒適地探索自然美景，他把生平對戶外生活的愛好，以深入而精確地描寫一景一物的韻致、肌理，兼能寓情於景。梭羅與萬物爲一，無入而不自得。留下了膾炙人口曠達雋永的《華爾騰》，成爲美國文學史上最重要的作品之一。

《華爾騰》之文學成就

《華爾騰》最鮮明的特點是文筆具體、新鮮、簡潔、和精確。梭羅是一位苦心孤詣、百鍊千錘的文體家；他化費了近九年的工夫始完成了《華爾騰》此部傑作；發行以前，原稿屢經推敲琢磨，期望文筆能更晶瑩明亮，遒勁洗練。梭羅「行文藝術」的三大原則即是——「簡潔，簡潔，簡潔！」(Simplicity, Simplicity, Simplicity!) 由於他刻意關注風格和技巧，使得此部傑作，佈局嚴密，層次井然。逐篇細嚼《華爾騰》，是文字的享受，也是澡瀹思想啓迪心靈的瀝鍊。街坊書局曾出版了此書的譯本，皆稱作《湖濱散記》，頗爲雅致；

但是作者擬採書名的直譯《華爾騰》。因爲《華爾騰》是一部體大思精結構縝密的作品，稱之爲「散記」似有不妥之處。

《華爾騰》與梭羅之其他作品並觀，可見其獨具的風格。作品中的語言與形式，皆爲日常使用之語言：這種語言所表現出來的胸懷和想像，質樸動人，行文明白流暢，能夠直剖讀者的心靈深處，境界超邁，言有盡而意無窮。梭羅極力避免使用舖張揚厲，華麗雕琢的辭藻；相反的，他力求作品以口語表達，意象則採擷自日常經驗中，簡單而透明，而非蹈襲晦澀艱奧的文學傳統。梭羅深覺他有極珍貴的思想欲藏諸名山，必得以讀者熟悉之形式語言表達不爲功。

一言以蔽之，我們可以把《華爾騰》視爲絕佳的藝術創作。雖然所談論之題材，有時得追溯到十九世紀，例如梭羅談到農夫把牛羣麕集在市場裏，或是村夫駕著馬車馳騁於湖濱林中；然而梭羅對字句文體的選擇，卻純屬二十世紀鋒利、明快、扼要的風格㊷。梭羅文體在

㊷ Albert Gilman and Roger Brown, "Personality and Style in Concord," in Myron Simon and Thornton H. Parsons, eds., *Transcendentalism and Its Legacy* (Ann Arbor, 1966), pp. 87-122; Donald Ross, Jr., "Emerson and Thoreau: A Comparison of Prose Styles" (*Language & Style*, 6, 1973), pp. 185-95; See also his "Composition as a Stylistic Feature" (*Style*, 4, 1970), pp. 1-10; Francis E. B. Evans, "The Genuine Word, the Unfolding Sentence: Thoreau's Paths to Truths" (Purdue Univ., Ph. D., 1976).

單字的選擇最重要的特性是新鮮貼切，冷寂精確。愛默生曾這樣形容梭羅：「綜覽他的作品，我可以找到與我相埒的心靈與思想，祇是梭羅去陳言，忌拘謹；屢以精闢獨創的意象，準確地摹狀了那些我說來恐怕會令人昏睡的思想。」梭羅的比喻和意象本身不但貼切，常把人感覺過的經驗具體而準確地表現出來。梭羅讓你聽見、目覩、觸得、與嗅出他敏銳觀察所得的獨特視境。即使是於極抽象的觀念，梭羅同樣也可以用具體明快的詞句將經驗傳遞給讀者，下面是最著名的一段：

時光祇是我垂釣的一泓清溪。我掬水而飲；啜飲之時，但見細砂歷歷可數，乍覺河底何其清淺！玎珮水流淙淙，然永恆常留。我願深飲；仰飲長空，垂釣星河，蒼穹底層，濯白晶瑩的鵝卵石是羅列的繁星！

梭羅開啓現代散文獨特風格的先河。若將《華爾騰》與其同代諸家之作並列，如霍桑、梅爾維爾、或愛默生等人的作品；一望可知衆作皆已垂百年之老，而梭羅的散文，則別具一格。梭羅的文字素樸自然，如水面荷花在風中飄舉。它們怎麼來的呢？尋不出踪跡。但是讀者咀嚼再三，卻可感覺潛藏於字句之下的巧作精義；無論用字、構句、謀篇，梭羅未嘗不精鍊，目的在追求文字的高度準確。希望創造文簡意深，意在言外的作品。散文巨匠如海明威、普魯斯特(Marcel Proust, 1871-1922)、與亨利・米勒 (Henry Miller, 1891-)等，對梭羅的文體莫不交口稱讚。

梭羅的文章充滿了靈活圓融的機智語和嘲諷性的詞句：他依賴雋言或諺語，詮釋行文之深邃意義；他經常創造出一種可堪反覆吟誦的警句，透過他嘲諷性的幽默，推動語勢，寓新義於陳詞之中。例如在討論到報紙時，梭羅卽認為我們讀的只是「時代」(Times)，而非「永恆」(Eternities)；在談到他的鄰居們為渺茫的將來籌備而省吃儉用，痛心疾首。他大聲批判，我們在此時此刻無知的生活。「人們積累財富，卻讓飛蛾和銹黴腐蝕，讓賊偷盜搶。」為了謹防患疾未雨綢繆而籌錢，反而把自己弄得累垮病倒！談到等信時，梭羅認為通信根本不能傳遞任何重要消息。他語帶嘲諷地說：「嚴格地說，我一生中，從未收到兩封值回郵資的信。」談論到新聞時，他說：「若能掌握原則，何必去關心億萬個例證和應用呢？對一位哲人而言，所謂新聞只不過是瞎扯，編輯和讀者同是喝茶閒聊絮聒不歇的老婦。」

梭羅並且時而模擬日常談話；忽地，斜刺插進看似不切題旨，實乃寓意深遠的故事和軼史，以說明他意欲表達的訓誨。例如他所舉的一則「印第安人賣籃子」的寓言；先是以一位名律師和印第安人之間的對話始，結尾時奇句崛起，勝在猝示：衆口皆碑的成功者的生涯，祇不過是芸芸衆生的滄海一粟。我們何必矜誇偢倸一種生涯卻又犧牲傷害了別種的生活呢？此外，梭羅舉出巴特然（William Bartram, 1739-1823）所引述的摩訶拉斯族印第安人之「新菓節」（Feast of First Fruits）的風俗傳說，認爲這種「浴火齋戒」的聖禮是一年一度內在優美德性之外鑠表徵；是直承天上神明的啓示。此種外而掃除髒亂、內而淨化心靈的儀式；正是人類生命煥然革新必經的歷程。梭羅最著名的一則軼事，是在《華爾騰》結束時，所敍述的一隻匿藏於古蘋菓木桌達六十餘年而重生的甲蟲故事，於蟄伏悠久的冬眠之後，振翅而出，享受美好翔然之生命。每個人在聽了這麼一則遍傳遐邇的故事之後，梭羅允滿希望樂觀昂揚的口吻說：「誰不覺得自己對復活與不朽的信心因聽了這個故事而增強？」

梭羅文體中淳樸生動且又清新自然的特性之一，是他眞摯有趣，饒富人情味的幽默感。《華爾騰》全書充滿了俏皮雋永的雙關語，推陳出新的格言，以及意味深長的笑話。梭羅曾如是說：「我們每日三餐相見，卻只能將彼此陳腐的餿味重新呼吸一遍。」梭羅的幽默絕非那一種譁衆喧鬧式的幽默；而是一種意近旨遠，歷歷在目的幽默㊸。他時常以一種「諧莊」

㊸ Harold N. Guthrie, "The Humor of Thoreau" (Univ. of Iowa, Ph. D., 1953); J. Golden Taylor, *Neighbor Thoreau's Critical Humor* (Logan, Utah, 1958) 後一部書裡研究梭羅如何透過幽默批評宗教、政府、教育，和重商嶄利的現代社會。相關的論文尙包括 David Skwire, "A Check List of Wordplays in *Walden*" (*American Literature*, 31, 1959), pp. 281-89; Donald Ross, Jr. "Verbal Wit and *Walden*" (*ATQ*, (mock-seriousness)的文體，表現其機鋒睿智。舉例來說，當我們讀到「巴黎的猴王頭上戴頂旅行帽，全美國的猴子羣起模仿，東施效顰」這類的幽默時，我們會不自禁的發噱，但是隱藏在朗笑聲裏，卻帶著梭羅把我們視同羣猴的默認。他經常以此種幽默的文筆指出：「我們人類是何等愚蠢啊！」有時這種幽默感是雙關語；例如說在〈湖〉章中，當梭羅敍述一位華爾騰湖畔坐困愁城的漁夫時，他稱其爲古修道士（C-O-E-N-O-B-I-T-E-S）；在這裏他不僅暗示出這位漁夫是注重瞑思的宗敎派別一份子；同時，若我們特別注意此字的發音，我們必可明白他是說：「瞧一瞧，魚不上鈎！」(See, no bites)的同聲反義字音義呢。

《華爾騰》文字優美，素樸自然；結構綿密，前後輻輳穿插，通篇情意貫穿，一氣呵

11, 1971), pp. 38-44; Joseph Moldenhauer, "The Rhetoric of *Walden*" (Columbia Univ., Ph. D., 1964); Moldenhauer, "Paradox in *Walden*"; Russel J. Reaver, "Thoreau's Way with Proverbs" (*ATQ*, 1, 1969), pp. 2-7; Michael West, "Scatology and Eschatology: The Heroic Dimensions of Thoreau's Wordplay" (*PMLA*, 89, 1974), pp. 1043-64. 討論梭羅的機智和諷刺的部分，參閱 Charles R. Anderson, *The Magic Circle of Walden* (New York, 1968), pp. 17-31; Edward L. Galligan, "The Comedian at Walden Pond" (*RAQ*, 69, 1970), pp. 20-37; Raymond Adams, "Thoreau's Mock-Heroics and the American Natural History Writers" (*SP*, 52, 1955), pp. 86-97; Robert Hodges, "The Functional Satire of Thoreau's Hermit and Poet" (*Satire Newsletter*, 8, 1971), pp. 105-8.

成；日常生活，個人經歷，情緣景興，景隨情轉，一觸及梭羅的筆尖，卽成抑揚爽朗，感情眞誠流露，舒卷自如。其中意象之經營，文體之簡潔，與全書章節之剪裁，無一未嘗鍛鍊琢磨得淸麗流暢，渾無斧鑿痕跡。梭羅此種文體饒富個性而又能直抒胸中之塊壘，號召生活的返璞歸眞；以及默察吟詠自然宇宙，觸物寓興，皆能意趣高遠，曠達雋永。

三 結語

在今日此種科技與物質文明稱霸的時代，個人的自由早就淹沒於日趨嚴密的組織中；終日熙攘奔競，人生的價値久已迷失在聲色犬馬的物慾橫流裏。梭羅標舉純樸簡單的生活方式，以及提昇人性尊嚴，將個人的「良心」視爲至高律法的根本等終生追求的大纛與信念，實在具有振聾起聵，晨鐘暮鼓的力量。梭羅之力主回歸到大自然裏，歸眞返璞，倡導和大自然親密融洽的會通，更是對於長久浸淫於物質機械的樊籠桎梏裏，與大自然脫節的現代文明人有著醍醐灌頂之功。

「茅屋還堪賦，桃源自可尋」。梭羅夢寐以求的理想，正是想在今生創造天堂，於濁世尋覓桃源。祇是，有多少人能透過梭羅親身的生活體驗，體悟他在華爾騰湖濱明心見性的心得，而不蔽於科技之後舉世瀰漫的塵埃中，或沉淪於工業文明所建立之喧豗浮華的市廛裏？

梭羅引領人類走到象徵不朽的清澄湖濱；我們面對一湖湛碧，溯及人類精神上、生活上、行爲上令人絕望的表現，能否無愧？有多少人眞正願意尋回心中的《華爾騰》，使沉溺於物質生活而致蒙滿塵霧，銹蝕斲喪的心靈得到一次澈底的洗滌？

梭羅在上個世紀就一直向我們發出鏗鏘的呼喚：「讓我們像自然那樣從容優閒地度過一日，不要受落在欄杆上的每一個果殼和蟲翼干擾……」他接著又說：「我們最想接近的是什麼？絕對不是接近許多人，而是接近生命的永恆泉源，我們從所有的人生經驗中知道那是生長的根源。」而二十世紀的重要詩人葉慈（William Butler Yeats, 1865-1939）的詩中，依然廻響着梭羅的呼喚，冀望人類心靈的新生，期待人人尋回永恆的桃源：

我就要動身前去那湖心茵島
以枝條和泥土，結座小小的茅廬；
栽九行豆畦，搭窩蜂巢，
獨隱於蜂吟深處，領略林中情趣。
我要在島上享受清靜，原來

清靜緩緩地落下，
從早晨的面紗落到蟋蟀行吟低唱處。
那兒，子夜一片朦朧，
正午，輝映出一湖紫色的閃爍，
而黃昏，滿天撲簌，盡是紅雀翼。
我就要動身前去；因為不捨晝夜，往往
都能聽見微波徐浪輕敲湖畔；
無論是佇立街頭，抑或駐足灰色的行人道旁，
我依然在心靈深處聽見它的呼喚。（余光中譯）

返回大自然，走向林野中。華爾騰湖是一面明鏡，梭羅的心靈早已幻化成自然的面貌，聽任時序的輪替，日月照臨，滙萬壑之泉而成的活水，永遠那樣光鑑清澄。人類的心靈何嘗不是一道永遠瑩澈光明的活水生命，歷久彌新？然而，又有多少人心中眞正擁有這樣的一個湖，能在天光雲影中直窺自己的身影？回顧浮華世界的芸芸衆生，終日栖遑庸碌，奔競鑽

營，自甘困於名韁利鎖。但是有誰願意駐足片刻，傾聽心靈之湖的呼喚？梭羅如何會不浩歎：「漫將幽意叩東籬，孤標傲世偕誰隱」呢？

【附錄】《華爾騰》面面觀

亨利‧大衛‧梭羅（Henry David Thoreau, 1817–1862）的《華爾騰，或林中生活》（*Walden, or Life in the Woods*）於一八四五年甫出版之際，並不特別受人矚目。事實上，初版的兩千本歷經五載始全部售完。但是，自本世紀初開始，這本書廣受討論與研究，成了美國文學的一塊瑰寶。到目前爲止，這部名著已經發行了一百五十種以上不同的版本；有些版本且已分別售出達百萬册。僅在美國本土，目前就有廿四種新的版本準備付梓發行；另外在英國、印度和日本，亦同樣有許多新的英文版本出售。已經譯成的外國文字多達十餘種，包括有：法文、德文、西班牙文、葡萄牙文、義大利文、荷蘭文、挪威文、芬蘭文、瑞典文、丹麥文、捷克文、日文、梵文、俄文、希伯萊文，以及中文❶。姑不論此部名著的中

❶ Eugene Timme, ed., *Thoreau Abroad* (Hamden, 1971) 和 Walter Harding, "Thoreau's Fame Abroad," in *Boston Pub. Lib. Quart.* (9, 1959), pp. 94-101. James F. Lacey, "HDT in German Criticism 1881-1965" (New York Univ., Ph. D., 1968); George Hendrick, "Thoreau aud Gandhi" (Univ. of Texas, Ph. D., 1954).

文譯本之優劣，且讓我們仔細分析是那些特點使得這部作品風靡了全球的讀者。本文特就其獨特之風貌，自各個不同的角度作一剖析，希望能幫助讀者在詮釋這部名作的時候，能有更深刻的了解。

對於大多數的讀者而言，《華爾騰》無疑的是一部描摹自然的寫實作品。在這部作品甫問世之際，幾乎所有的讀者皆視其爲有關自然史實的著作；甚而有些讀者對於梭羅此部著作僅容有關自然之體裁，無法涵容其他體裁的風格，深以爲苦。這些讀者認爲閱讀冗長的首篇〈經濟篇〉（Economy）令人乏味，因此，建議可略過不讀。其他較具哲理意味的三章：〈我生活的地方；我爲何生活？〉（Where I Lived, and What I Lived For）、〈更高的規律〉（Higher Laws）和〈結束語〉（Conclusion），這些讀者也認爲枯燥艱澀，大可避開不唸。他們衆口贊美的是梭羅在描寫自然景觀——螞蟻、潛水鳥、麝鼠、梭魚、松鼠時所顯示的鮮明生動的文采。只是，有時梭羅突兀的筆勢陡變，落入「超越論的囈語」，常常使得讀者茫然迷惘，困惑不解，變得只有少數的知音，如艾爾考特（Amos Bronson Alcott, 1799-1888,《小婦人》作者的父親）或如愛默生（Ralph Waldo Emerson, 1803-1882）等才能明白個中三昧。雖然，梭羅時而彈奏曲高和寡之音，這些讀者仍然以爲梭羅對於花草森林、鳥獸天候、自然萬象，不但能寫，而且，寫得眞是細膩深刻，觀察敏銳。十九世紀末葉的美國文學選集，幾乎不約而同的選了《華爾騰》的〈禽獸爲鄰〉(Brute Neighbors) 裏之「螞蟻浴血戰」的一段，和〈寒冬之湖〉(The Pond in Winter) 描寫靜謐安祥的雪景的一段。

以上的敍述，並非表示所有的讀者，皆會視梭羅爲一位自然寫實的作家而已；但是，我們可以肯定的說，梭羅亙古不墜的聲譽，仍建立於此最基本也是最廣深的吸引力上；可以預見，在未來的歲月裏，這種引人的興趣仍然會歷久不衰。

有好多的批評家，推崇梭羅創造了描寫大自然的獨特文體；無疑的，他的作品必然成爲紓衡後世刻劃大自然作家的典範。梭羅避開大部分自然作家所犯的毛病：諸如過分雕琢和濫情，或無味單調的平舖直述。至少，梭羅不曾在描繪自然界裏的低等動物時，濫情的賦於人類的特性；也不會造作的把牠們刻劃得哀矜可憐。梭羅一貫的運用質樸的文筆，加上他翻新語言的神奇本領；時而夾敍夾議，語帶幽默機智；時而無諱的將自己或人類，比喻成動物，冷嘲熱諷一番❷。我們可以舉一實例證明。在〈禽獸爲鄰〉即將結束時，梭羅十分巧妙的敍述他自己和潛水鳥在華爾騰湖濱「對奕下棋」玩耍遊戲的經過；肯定會使讀者目飫神馳：

---

❷ J. Golden Taylor, *Neighbor Thoreau's Critical Humor* (Logan, Utah, 1958) 和 Donald Ross, Jr., "Verbal Wit and *Walden*" (ATQ, 11, 1971), pp. 38-44.

一個十月的午後，微風徐揚，波平若鏡，我在北岸泛舟；這種日子，滑水鳥一如柔軟的絨毛，浮游於湖面。可是，那天我四處觀望，始終沒見到一隻滑水鳥；陡地有一隻，自湖岸竄出，一逕向湖心游去，就在眼前幾竿之遙，一陣狂笑，引我注意；待我划槳衝去，它早已潛入水裏，等它再冒出時，我和它近在咫尺。它再次潛入水中，我却錯估了方向；這一回它再冒出來，我和它已相隔五十竿之遙。距離越來越遠，只能怪自己估計錯誤。它朗朗嘩笑一陣子，可以想見它這回笑得十分得意。忽見它矯捷的身段，載浮載沉，我想盡辦法也划不到距離它五、六竿的近處。每一回它冒出水面，頭總是一逕的左右晃動，顯然是冷靜的思索水陸形勢，為自己細選一段航程，以便下一次浮出水面時，恰臨湖面最濶，距離小舟最遠處。令人訝異的是——它運籌帷幄，費時極短，而施行起來，果斷疾速。它把我引到湖面最寬濶處，我再也無法將它驅回湖濱。就在它暗自盤旋之際，我也趁機忖度它的計謀——這可是一盤鬪智的棋局。在風平浪靜的湖面，人鳥正在對奕。突然，對手把棋子下在棋盤底下，你必得苦思它下回在何處露臉，你也得把子兒下在離它最貼近處。出乎意料之外，它竟浮現在眼前，顯然剛從小舟底下越過——有一兩回，我看見它貼近湖面揚起的浪花，臉蛋微露，旋又消失。我突然覺得，與其預估它下次出沒處，不如停槳，靜觀事變，待它自行冒

> 出；因為接二連三的，就在我凝佇某一方向時，它卻忽然在身後發出怪笑，令人吃驚。可是，它既然如此狡猾，出沒無常，何以每回竄出水面，故作嘩笑，敗露形跡？難道它雪白的胸脯不夠令它被釘梢嗎？我自忖，它是隻蠢鳥——它露臉時，總會傳出撲水聲，輕易地暴露它隱沒處。但是如此對奕耍戲了一個時辰，它依然生氣勃勃，不減當初，潛沒時意氣昂揚，泅泳愈游愈遠。

少有作者，對於自然景觀之描敘刻劃，能與梭羅相頡頏；寥寥幾筆，觸物寓興，皆描寫得清麗優美，情思酣暢，映人心版；無怪乎後世讀者對於梭羅的自然寫實作品，愛不忍釋。

《華爾騰》第二層引人處，乃基於該書是一部追求純樸生活、自力更生的指南。本世紀三十年代末期，全球面臨經濟不景氣，首次造成了研讀梭羅作品的狂熱。當時大多數人面臨拮据的困境，不論你喜不喜歡，你皆得過簡樸的生活。選擇這樣的生活方式，雖然由不得你作主，但是，梭羅不僅肯定此種生活的好處，而且，更進一步讓這樣的生活妙趣橫生——「就是阮囊羞澀的讀者讀了梭羅的作品，心裏也不覺得慚愧汗顏」——這是當時最常見的評語。千萬人由於經濟拮据困窘，必須過着梭羅一生所揭櫫的簡樸生活；閱讀他的作品，特別是《華爾騰》一書，就如一陣狂飈，風靡萬千讀者。

縱觀今日世界，過度追逐物質享受，濫用自然能源所造成的全球性危機，閱讀梭羅的作品尤有醍醐灌頂清醒解蔽之功。並非人人皆得四出尋覓自己的世外桃源或「華爾騰湖」，或是自築茅廬，摒棄人類文明。只有不明白《華爾騰》全書眞諦的讀者，才會有排除人類文明的愚行。這種行爲恰和梭羅一貫揭櫫的獨立自主的原則，背道而馳。梭羅開宗明義，在首章〈經濟篇〉裏就揭示他的信念，他是這樣子說的：

無論如何，我不願意讓任何人過「我的」生活方式；原因是，可能在他才學到了這種生活方式，我又找到了另外一種。我期待這是一個姹紫嫣紅，百類俱陳的世界；盼望人人都能審愼地找到並遵循他「自己的」生活方向，而不是他的父母，或鄰居所指引的道路。

梭羅離群索居湖濱有其特殊的意義——遠離喧囂擾攘，蠅營趨利的鄰居，俾能專心致力著書寫作。當他寫完這本書——有趣的是，寫成的書並非後來著名的《華爾騰》，而是《康柯德河與梅瑞麥可河上一週遊》(*A Week on the Concord and Merrimack Rivers*, 1848)——而後，梭羅又如閒雲野鶴，自在而快活地離開。

梭羅簡樸生活的哲學觀，並非鼓勵人類排斥文明生活，回到原始的蠻荒森林。梭羅一針見血地指出現代生活之繁瑣與複雜，令人無法全部接受；迫使我們必得作一明智的抉擇。遺憾的是，我們選擇的準繩常常一貫依循社會全體的好惡喜怒，而非依循個人興趣與需要，作一妥貼的抉擇。我們過的生活不是我們自己想過的生活，而是環繞四周的大衆所過的生活。直到臨死才發現自己此生虛度。令人感歎又有幾人能一如梭羅，信心十足，在臨終時尙可以說出如此豪語：

> 我自忖再活不了幾個月了；不用說，這件事我自然無法測知的。但是，我仍得說，既使如此，我仍一如往常，生活歡愉，毫不遺憾！

「毫不遺憾」是關鍵字眼。在走完人生之旅，到底有多少人能如此肯定的回答？梭羅遺世索居華騰湖濱時，他曾如許自我勉勵──「我希望從容而審愼地生活，只面對生命裏的重要事實。」由於他下定決心爲自己，而不是爲他的父母與鄰居尋得生命之眞義，他自可於生命之火將熄的一剎那，道出那般灑脫奔放之語。

但是，生命之眞義又該如何擷取覓得呢？《華爾騰》就是對於這一個最基本的問題的詮釋。在〈我生活的地方；我爲何生活？〉這一章裏，有一段視野宏遠，寄意遙深的文字，精闢扼要的解釋了梭羅的論述與他心目中的理想境界：

我們的生命消磨在瑣碎之中。簡樸！你需要處理的事只要兩、三件就够了，不要一百件或一千件。帳目越簡單越好。我因為窮乏，那就是說，生活簡樸，事務不繁，所以，能够充實而具體。它是堅强、力量和風味的集中。

讓我們像自然那樣從容悠閒地度過一日，不要受落在欄杆上的每一個果殼和蟲翼干擾。讓我們黎明即起，簡單用餐，安詳平靜：人去人來，讓鐘聲敲，孩子哭——下個決心，好好過一天。為什麼我們要屈服，乃至於隨波逐流呢？讓我們定下心來，工作！把我們的脚，插入那爛泥似的觀點、偏見、傳統、謬說與膚表的中間，進行那遮蔽地球的淤泥裏面啊！讓我們越過巴黎、倫敦、紐約、波士頓、康柯德；穿透教會、國家、詩歌、哲學與宗教，直到我們到達一個堅硬的底部和岩層——也就是人們所稱之真理層。正是此物，讓我們擁有據點，可以在洪流、霜雹、烈焰下建築一道城牆或家國、或安立一枝燈柱、或裝置一個測量儀——不是尼羅河的測量儀——而是真理測量儀。未來的歲月終會明白，謊騙與膚面所堆積的洪流層，已經積得好深了。不論生或死，我們追尋真理。若我們面臨死亡的一刻，讓我們耳聞喉嚨的嘎咯聲，自覺四肢的冰冷；若我們活着，讓我們克盡厥職，努力工作。

《華爾騰》另一層引人省思的是，這本書對於現代人的愚昧無知所作的嘲諷評隲。但是，這一層深刻的意義常常被讀者誤解。有些讀者過份嚴肅，誤把梭羅的反諷當眞，忽略了這本名著在扉頁的題銘：

> 我初無意撰寫哀歌，但我願自比黎明雄踞横桿，引吭高啼的金鷄，昂首啼醒我的鄰人！

即使犀利敏銳的批評家如羅威爾（James R. Lowell, 1819-1891）也作出人意表的評論，誤解梭羅缺乏幽默。讀者如果不明白梭羅的幽默，必定會錯失甚而誤解了《華爾騰》的主要脈絡和敍述情節。

《華爾騰》有許多論述，不可也不該死硬的依其字面詮釋。梭羅借物起興，往往都有寓意，並且時發機巧而雋永的幽默，出現在書中的各個段落。梭羅幾乎把所有可能的幽默技巧運用在書裏——其中包括一語雙關、誇張法、諧劇、嘲諷、揷科打諢、戲謔等，卽使運用了這些含蓄的技巧，梭羅仍然不忘隱涵諷刺的意義，給讀者畫龍點睛式的猝示。梭羅偶或故作幽默，賣弄雙關語，寓諷刺於笑話裏❸。最有名的例子是出現在〈湖〉(*The Ponds*) 這章中，論及一耐心十足卻坐困湖畔的漁夫，稱他是位遠古的一支敎派的信徒 (Coenobites)。有些版本的附註，直言此語指的是宗敎組織的崇拜者，忽略了此語乃是對坐困愁城的漁夫所作同音異義的雙關語——「看到了吧，魚兒不上鈎！」(See, no bites.) 梭羅的幽默大都直指現代社會的弊病，不僅切中要害，而且筆力千鈞，發人深省。

但是，幽默之自成其幽默，乃因其依附於上下文義中。由於其上下一貫之脈絡文義，愈益使其幽默有拔俗的意象，取譬貼切，而且言人之所未言，言人之不能言，把常人感覺過——卻仍然模糊——的經驗用意象具體而準確地表現出來，結果模糊或讀者不能言傳的經驗，感覺馬上玲瓏剔透地結晶。我們姑且摘錄幾則梭羅的幽默解頤：

> 巴黎的猴王戴上一頂旅行帽，全美國的猴子皆羣起效尤。

---

❸ Harold N. Guthrie, "The Humor of Thoreau" (Univ. of Iowa, Ph. D., 1953).

有位農夫對我說：「你千萬不可以只吃蔬菜過活，蔬菜不能供給你骨頭所需要的東西。」因此，他日以繼夜，虔誠的奉獻一點時間，為了覓得那些可供給營養骨頭之物；他邊說邊又緊隨耕牛之後——這耕牛正是用蔬菜滋養骨頭，拖動他和沉重的犂耙前進，無視任何阻攔。

我發現村中主要命脈，包括有雜貨舖、酒店、郵局和銀行；此外，還有構成這些機構不可少的部份：鐘、大礮、救火機，皆安置於妥當處。屋舍安排，櫛次毗鄰，形成一道衢巷，家家相對。任何旅人，一旦走進，好似跌進陷阱，必遭左右夾擊之刑，男女童叟皆可令他的荷包，洗刼一空。巷頭之人，最先見他，居地利之便，首先讓他破財；其餘散居郊區的居民，地處巷尾本來就瑕隙較多，族人見機不可失，越牆而逃，或抄小路溜走，被搜括的自然有限，只要付出少許的地稅或窗租了事。

只要把鐘樓下的繩子，拉住不鬆手，令鐘聲發出火警信號，卽使遠在康柯德田園工作的人，儘管早上說過如何的忙碌，沒有一個男人、孩子或女人，我敢打賭，所有的人皆會暫停工作，循聲而去；本必是搶救災物；而是，如果我們憑心而論，只想湊熱

> 鬧，冷眼觀望。
>
> 我們棲棲遑遑，急乎在大西洋底埋設電纜，使新舊世界的距離縮短；不巧，第一條傳入美國人寬弛而下垂的耳裏的消息，竟是阿狄萊德公主（Princess Adelaide, 1840-1901，英國維多利亞女皇的第一位公主）罹患百日咳的消息。

摘錄幽默本來就困難重重，那麼欲進一步剖析幽默，更是不可思議。幽默有其獨特不可割離之特質，否則幽默不成其爲幽默。但是，梭羅的幽默以誇張的手法寫成，意在言外，別具用心。其幽默常常是諷刺性的幽默；目的在針對當代之陋俗與不良制度作碱砭諷諫之功。讀者若明白梭羅之幽默，必定發出會心微笑，而且對於梭羅執意改革之心意，亦會有心有同感之慨。

另一種閱讀《華爾騰》的方法是純就文藝美學的角度欣賞。從文學技巧的觀點而言，《華爾騰》的確是一部佳構。值得讀者再三剖析研讀。有批評家視《華爾騰》爲美國文學史裏的第一部道地的散文名作。此語確實是持平之論。我們只要摘錄《華爾騰》的一段，與梭羅當代諸家作一對照比較，卽可窺知一二端倪。梭羅創作時代的大部分作品，好發議論，論述抽象冗贅，語意紆廻，文字雕琢，作品不免瑕瑜相混，指枝拇駢。對比之下，《華爾騰》益見其簡明清楚，語語有指。愛默生曾經這樣形容梭羅：

> 閱讀亨利·大衛·梭羅的日記或其名著《華爾騰》，我深感其體魄之遒健有力。不論他漫步、工作、或蠡測森林，我皆注意他那種類似橡實樹的力量，以及在原野工作的那雙堅定不移的手；這是我避之唯恐不及的工作。而梭羅在他的文學作品裏却顯示了這種特性。他肌肉結實，果敢的表演我婉拒演出的絕技。讀了他的作品，我可以找到和我相埒的心靈和思想；但是，他並不故步自封，反而運用精闢自創的意象，繪述那些我道來恐怕會引人入睡的思想。宛若我跨進體育館，瞧見年輕小子以一種無與倫比的勁道，躍、奔、滾、盪——雖然他表演的絕技，不過是我剛才領銜攀、跳的延續動作。

梭羅撰寫《華爾騰》，敍述情節交代井然，頂眞的穿插有致，絕少隙漏。煉字構句精研覃思，開前人未開之境，任何搬上、移下，推前、挪後皆會破壞全篇結構。四季輪替是全書結構的原則；梭羅在華爾騰湖濱住了兩年兩個月又兩天，但是，寫書時，他把自己的經歷凝縮成一年的時序循環。《華爾騰》始於三月梭羅砍倒松樹；春天一季忙碌於建築木屋；夏天時搬進木屋，照料豆圃；秋季時造壁爐取暖；冬天則靜觀鄰居——包括宇宙萬象的一切活動；在湖濱的積雪開始融解，春天再度降臨大地時，梭羅結束了該書。循序烘托漸進，淳樸而動人。

以全書整體結構觀之，每一單章張弛快慢有其適切無法移動之地位❹。對照的主題交替出現；精神與世俗呼應——〈更高的規律〉之後接著是〈禽獸爲鄰〉；實用與哲理交替——〈經濟篇〉之後緊接的是〈我生活的地方，我爲何生活〉；人類與動物排比對照——〈早期居民，冬天的訪客〉(Former Inhabitants, and Winter Visitors) 之後接著是〈冬天的禽獸〉(Winter Animals)。前後章的呼應銜接，環環相扣；或以直接對比：〈寂寞〉(Solitude) 和〈訪客〉(Visitors)；或以時間順序：〈冬天的湖〉和〈春天〉(Spring)；或以特意放置的連接句：〈讀書〉(Reading) 結束，下一章〈聲音〉(Sounds) 即以「但是，當我們侷限於書籍時……」開頭；〈豆圃〉(The Bean-Field) 的下一章〈村莊〉

❹ Thomas Woodson, "Thoreau's Prose Style" (Yale Univ., Ph. D., 1963) 和 Herman L. Eisenlohr, "The Development of Thoreau's Prose (Univ. of Pennsylvania, Ph. D., 1966).

(The Village)」頭一句便是「在鋤耕之後……」。而最主要點題的三章——〈經濟篇〉、〈更高的規律〉和〈結束語〉，則分置於開頭、中腰和結尾，前後鈎連，環廻偃蹇，交疊發展遞變，張力的強弱、感情的升降，時空的穿錯，都能有條不紊。

在整體的結構之下，每一單章仍是結構井然。在〈湖〉章裏，梭羅首先描寫華爾騰湖，依序敍述的包括了：佛林特湖、鵝湖、飛海灣，直到白湖。在〈早期居民，冬天的訪客〉裏，梭羅自革命時期的居民，描寫到晚近去世的居民，最後以索居湖畔時的訪客結束全章。類似型式的章法篇篇可尋，反覆出現。錯綜交疊，讀起來有如行雲流水。

每一段落的結構亦復細密貫通，令人玩味不已。一般說來梭羅的段落頗長，在標準版本裏，平均一段即佔滿了整頁篇幅；但是，由於這些段落借助暗示、象徵、襯托、誇張、聯想，幾經推敲錘鍊，讀者常常不覺其長度。有一修辭技巧特別值得讀者細細琢磨，尋出其中深趣：梭羅喜在每一段落結束時，安置高潮；其末句不僅言簡意賅，撮敍全段，而且餘韻繚樑，以作下段起首伏筆之張本。全段若用之以嘲諷，結尾時必附上點睛之筆；若一路談玄說理，則必續論深刻重要的概念。梭羅的段落皆可獨立成章，但是若自其特定的地位割離，卻會斲喪全書章法的完整。

梭羅的句子也是相當長。長達半頁的句子，俯拾皆是；甚至有一句佔滿整頁，或者更長的。氣勢酣暢貫注，一去萬里。長雖長矣，這些句子經過梭羅縝密的編排組織，錯落有序，自然妥貼，讀者對句型的了解毫無困難，甚而縱橫捭闔，迴旋遞變，不覺繁複。《華爾騰》裏有僅五個字的短句。過長和過短的句子，畢竟不多；大部份的句子，長短適中，語語精當，句型鎔鑄得淋漓盡緻。梭羅明白句法之長短與結構，必須翻騰多變，最忌單調遲滯，呆板枯澀，流於平鋪直述。能控制裕如，力求變化，馳思萬里，不受窒礙，特別能增加作品懾人的力量和氣勢。

他的詞彙極爲淵博，行文遣辭，斟酌推敲，最見梭羅水磨調般的細膩。他文體的另一特色是用典繁富，融會貫通。《華爾騰》全書，無頁不有《聖經》的迴響，形上詩人的綴語、譯自古典名作的美言佳句，包括了印度的《吠陀經》和我國的「四書」、引自希臘神話的典故，或直接引證美國立國初期之史料文獻等等。由於梭羅用典隸事，精微細致，探驪取珠，讀者閱讀本文時，可以不必參照原典，即可尋繹其中意趣。

《華爾騰》全書裏，梭羅還常常運用各類豐富之文學修辭策略，以下縷列的僅是其中之犖犖大端：典故、隱喻、修辭之反詰 (rhetorical question)、頭韻、類比、雙關、遞增修飾 (epanorthosis)、古語、寓言、明喻、壓抑敍述 (meiosis)、同語逆敍 (anti-strophe)、矛盾修飾 (oxymoron)、疊語遞增 (epizeuxis)、首語重複 (anaphora)、曲言

(litotes)、對照、等喻（metonymy）、烘托對比、擬聲、矛盾、擬人、結句疊語（epistrophe）、舉隅（synedoche）、反諷、頓呼、誇張等。每一類的修辭技巧，皆能在《華爾騰》裏舉出妙到毫顚的例句；換言之，幾乎所有譬喻的修辭技巧，梭羅皆運用自如。無怪乎新近出版的《華爾騰》，註釋詳實豐贍，其編輯之目的卽是作爲大學的文法與修辭之教材用。

《華爾騰》最深刻的一層意境，在於此書在精神革新、心靈提昇的揭示和闡發。有些批評家直稱此書爲人類的另一部《聖經》或稱其爲「更高生命之指南」。在〈讀書〉一章裏，梭羅曾經說：「多少人在讀了一本書之後，開始他生命的新紀元。」《華爾騰》對千萬讀者而言，正是這樣的一部鉅作。早期讀者所建議略而不讀的〈經濟篇〉、〈我生活的地方，我爲何生活〉、〈更高的規律〉與〈結束語〉等四章，正是全書揭櫫心靈覺醒、精神新生的精華所在。當今美國文學的選集，一改從前摘錄自然寫實的幾章，而登載這幾章深富哲理的部分，這種新趨勢最可令人玩味低廻的。精神的新生與心靈的覺醒正是《華爾騰》的主題——把人類生命奉獻給更崇高的眞理。自榛狉蠻荒進步到今天，大部分的進步仍侷限於物質而非心靈或精神的進步。人類改革了手段，但卻未能改革人生的目標；進步的幅度大增，卻把珍貴的時光虛擲於瑣碎的事物上；將維持生命的工作時間省下，卻茫然失措，不知何所適？不知節制的濫用自然資源；無知的製造無數殺人武器，戕賊寶貴生命，而不知正心誠意，改革人性，昇華心靈。梭羅以其深邃博厚的智慧，揭示他對生命和宇宙深切眞摯的透視。

從虔誠的宗教觀點論之，梭羅並不是一位正統衞道的教士。發人深省的是梭羅不時引述的一句格言，源自《聖經》——「人若贏得了全世界，但卻輸掉了自己的靈魂，又有何益?」從其最崇高的意義論《華爾騰》，這是一部拯救人類靈魂，引領人類邁向精神新生的指南。

自著名的批評家馬息生 (F. O. Matthissen, 1902-1950) 以降，皆異口同聲，指出《華爾騰》首尾一貫的象徵，是復活與新生❺。全書運用四季之遞嬗爲基礎，以大地與生命在春天重臨恢復生氣結束。〈聲音〉一章以「晝夜循環」的結構爲基礎——全章以清晨之萬籟始，歷經午後、黃昏、黑夜，而以黎明金鷄引吭高啼象徵大地生命的復活。梭羅貫用的意象尚包括印第安人與墨西哥人滌淨的儀式，和寓意一隻藏匿於舊蘋果木桌裏六十餘年而重生的甲蟲。梭羅經心塑造他鍾愛的華騰湖，隨冬雪而蟄伏，待來春甦醒。在《華爾騰》形將結

❺ F. O. Matthiessen, *American Renaissance* (New York, 1941), pp. 137-46; Lauriat Lane, Jr, "On the Orgdnic Structure of *Walden*" (*College English*, 21, 1960), pp. 195-202; Leo Marx, *The Machine in the Garden* (New York, 1964), pp. 242-65; 和 John Broderick, "Imagery in *Walden*" (*UTSE*, 33, 1954), pp. 80-89; Stanley Hyman, "HT in Our Time" (*Atlantic*, 178, 1946), pp. 137-46.

束時，梭羅鼓勵人類奮鬪不懈，必能在今生創造天堂，於滔滔泥濘的濁世尋回桃源：

> 我並不是說人人皆能理解一切；可是，我所說的白晝絕非隨着時間之自然流逝即能出現。因過度刺亮而令人人閤眼的光明，其實便是黑暗；惟有清明的神智方能帶來破曉，破曉之後是無盡的光明。太陽不過是一顆曉星。

但是，人類要如何才能達到這種生命更新的境界？在〈更高的規律〉裏，我們可以找到答案：

> 一個人若傾聽他天分裏遙遠但却最恆久而又真實的迴響，人雖不明白這個天分將引導他走向極端或瘋狂，但是，只要人類愈益果決，信心堅定，惟有如此，人類的坦途永遠不變。一位神智健全的人所感受到微弱但清楚的一種反動力量，最終必能超越人類的爭論與習俗。多半的情形，人類被他的天分引入歧途，雖然這樣做導致身體孱弱，但是，或許沒有人能道出其結果會令人追悔；因為，其結果乃是一種符合更高原則的生活。如果你能以歡愉之情迎接白晝與黑夜，生命將煥發出芳香，如花卉和馥草一

樣，生命將更豁達開朗，熠耀若繁星，永垂不朽——那就是你的成功。自然萬象齊聚向你祝賀，你更有理由沐浴於幸福裏……我的日常生活的真正收穫似覺不可捉摸，無可識別，有如朝暉暮靄。我得到只是落在掌中的一點星塵，握在手中的一絲彩虹。

另外一個答案可以在〈結束語〉裏覓得：

我從生活實驗裏體會到：人只要充滿信心的依循自我的夢前進，並且努力依照自我想像的方式生活，必定能夠達到平日未敢期望的境界。並且能夠日有所進，超越無形的阻礙；全新、自在，放諸世界皆準的法則，自然會植根於心靈；原來的法則，因其詮釋添具新義；遂能與萬物同遊，莫不逢源，無入而不自得！他終能生活於萬物中更崇高之秩序裏。生活愈簡樸，宇宙之規律亦愈單純；寂寞將不成其為寂寞，貧困亦不復為貧困，軟弱不再是軟弱。假如你在空中建造樓閣，你的勞苦必不唐捐；樓閣應該造在空中，就像理想應該懸諸高處一樣。但是，你現在却該在這座樓閣的底下紮下根基。

有些批評家誤以為梭羅是一位憤世嫉俗和離羣索居的隱士；一味的批評當世的弊端和謬見。但是，當我們明白了《華爾騰》所揭櫫的精神層面之後，人人必然體悟出此書的本質是奮發樂觀、積極向上。梭羅並非消極的評騭周遭的事物，而是進一步為人類指引一條康莊大道。梭羅深信太陽「僅是」廣邈星河裏的一顆曉星。

筆者曾就五種不同的角度來探討《華爾騰》這部名著的不同風貌。這部名著寓意豐富，境界超邁，言有盡而意無窮：橫看成嶺，側看成峰，聽任讀者從不同觀點欣賞，各自尋繹其中深趣。這是一部歷經時間考驗而能屹立不衰的文學名著；逐篇細讀《華爾騰》，是文字的享受，也是澡瀹思想啓廸心靈的歷鍊；其中清新雅健的散文風格，淳樸而動人，更是歷久彌新。在未來的歲月裏，將會有更多的讀者由於這部書所高懸的理想境界和生命的價值，而受到鼓舞與感動，服膺梭羅起而行的感召，開始個人生命的新紀元。

三民叢刊11 12
中央社的故事
周培敬　著

六十年來，中央通訊社一直在中國新聞界的發展上扮演著重要的角色；從建立全國性的電訊網，收回外國通訊社發稿權，見證八年抗戰，親歷臺灣經濟奇蹟，目睹了退出聯合國，中央社一遍遍的做下時代的紀錄。它寫著這些年的歷史，從而也把自己寫進了歷史之中。

三民叢刊13
梭羅與中國
陳長房　著

美國作家梭羅以其《華爾騰》（或譯《湖濱散記》一書呼喚人們在日常更深入的生活，創造更有意義、更為快樂的生活，而聞名於世。其對生活的態度正與中國的孔、孟、老、莊思想有相契之處。作者陳長房先生層層爬梳，探究其間的關係，並論述了梭羅的作品及思想。透過這跨文化的比較，也許正可幫助我們在濁世中尋覓桃源。

三民叢刊14
時代邊緣之聲
龔鵬程　著

時代的邊緣人，不是無涉於世事的出世者，他只是退居在時代激流之旁，以讀書、讀人、讀世自遣，以文字聊為時代留下些註腳。本書即是以時代邊緣人的心情自謂而做的記述，偶或玩世不恭，亦曾獨立蒼茫，但終究掩不住其對時代的關切及奮激之情。

三民叢刊15
紅學六十年
潘重規　著

本書為「紅學論集」的第三本，集中討論紅學發展，及列寧格勒《紅樓夢》手抄本的發現報告及研究。作者於《紅樓》眞旨獨有所見，歷年來與各方論辯之文章，亦收錄於書中，庶幾使讀者一窺《紅樓夢》之眞意所在，及紅學發展之流變。

三民叢刊16

解咒與立法

勞思光　著

近來臺灣的社會力在解除了身上的魔咒之後，一時四處噴發，整個社會因而孕育著新生和希望，也充滿了騷動和不安。勞思光先生以其治學的睿智，剖析社會紛亂的眞象，指出：「解咒」之後，必須「立法」，亦即建立新的規則，若在這一步上沒有成果，則所謂「進步」亦失去意義。值得吾人深思。

三民叢刊17

對不起，借過一下

水晶　著

「對不起，借過一下！」要借的是：在舉世滔滔，資訊爆炸的年代，各人心靈上的一點空間，來容納書中帶來之感性與理性的清涼。

本書為作者近作之散文及評論的合集，散文率從生活小事著墨，筆觸輕靈動人。評論主要針對張愛玲、錢鍾書二氏之作品，亦抉其幽微，篇篇可誦。

三民叢刊18

解體分裂的年代

楊渡　著

隨著歷史的前進，臺灣的生活方式由農業生活轉入了工業社會，生活方式的改變也帶來了社會結構，包涵政治、經濟等方面的結構解體、分裂，與重組，而重組的路究竟通向何方？改革？或是革命？

作者近來年著力追尋改變的軌跡，肯定了改變的根源來自民間，其路向也該朝向人民的需求。書中文字即紀錄了作者追尋過程中所注意到的種種現象，期能透過對這些現象的反省，從中得到記憶的力量。

國立中央圖書館出版品預行編目資料

梭羅與中國／陳長房著. --初版. --
臺北市：三民，民80
面；　公分. --(三民叢刊)
ISBN 957-14-1777-7 (平裝)

1. 梭羅(Thoreau, Henry David, 1817-1862)—學識—哲學
145.39　　80000858

著　者　陳長房
發行人　劉振强
出版者　三民書局股份有限公司
印刷所　三民書局股份有限公司
地址／臺北市重慶南路一段六十一號
郵撥／〇〇〇九九九八——五號
初　版　中華民國八十年四月
編　號　S 87008
基本定價　叁元伍角陸分
行政院新聞局登記證局版臺業字第〇二〇〇號

ISBN 957-14-1777-7 (平裝)